Animais de Estimação

GATOS

Guia de Criação

Animais de Estimação

GATOS
Guia de Criação

David Taylor

PUBLIFOLHA

Para Sue Driscoll e seus cinco *muchachos* negros de pelo curto em Maiorca

Um livro da Hachette Livre UK Company
Título original: *Hamlyn All Colour Petcare: Kitten Taming*
Publicado pela primeira vez na Grã-Bretanha em 2009 pela Hamlyn, divisão do Octopus Publishing Group Ltd, Endeavour House 189, Shaftesbury Avenue, Londres WC2H 8JY

COORDENAÇÃO DO PROJETO: PUBLIFOLHA
Editora-assistente: Adriane Piscitelli
Coordenadora de produção gráfica: Soraia Scarpa
Produtora gráfica: Mariana Metidieri

PRODUÇÃO EDITORIAL: ESTÚDIO SABIÁ
Edição: Valéria Braga
Tradução: Thaïs Costa
Preparação de texto: Nina Rizzo
Revisão: Luciana Soares e Hebe Lucas
Editoração eletrônica: Bárbara Lorente – Carochinha Editorial

As informações contidas neste livro não excluem a consulta ao veterinário. Decisões que envolvam a saúde do seu gato devem ser tomadas sob a orientação de um veterinário.

Os gatos retratados neste livro não sofreram maus-tratos durante a produção das fotos.

Dados Internacionais de Catalogação na Publicação (CIP)
(Câmara Brasileira do Livro, SP, Brasil)

Taylor, David
Gatos : guia de criação / David Taylor ; tradução Thaïs Costa. – São Paulo: Publifolha, 2011.

Título original: All colour petcare : kitten taming.
ISBN 978-85-7914-240-6

1. Gatos 2. Gatos - Criação 3. Gatos - Cuidados I. Título.

10-10050 CDD-636.8

Índices para catálogo sistemático:
1. Gatos : Criação 636.8

A grafia deste livro segue as regras do Novo Acordo Ortográfico da Língua Portuguesa.

PUBLIFOLHA
Divisão de Publicações do Grupo Folha
Al. Barão de Limeira, 401, 6º andar
CEP 01202-900, São Paulo, SP
Tel.: (11) 3224-2186/2187/2197
www.publifolha.com.br

Impresso na Toppan, China.

sumário

introdução

Se você já tem um gatinho em casa ou pretende fazer isso em breve, parabéns! Muitas vezes subestimados, os gatos são animais de estimação muito interessantes, divertidos e atraentes.

Para mostrar as muitas facetas de seu caráter e habilidades, porém, seu gato bebê precisa ser devidamente domesticado e treinado. Esse antigo caçador selvagem precisa ser domado – e você tem um papel fundamental nesse processo, conforme este livro explicará.

Se o seu gato for bem treinado, poderá ter uma vida longa e saudável. Ao criar seu bichano da forma correta, ele será menos propenso a vagar pela vizinhança e, consequentemente, a contrair doenças e se machucar. Todos os gatos longevos que conheci foram treinados com esmero e educados com sucesso por seus carinhosos donos.

À medida que você entender o raciocínio e as motivações de seu gato, poderá cuidar dele de forma bem mais abrangente do que apenas lhe oferecer ração e abrir a porta dos fundos quando ele quiser sair. O animal ficará mais feliz, satisfeito e relaxado, enquanto você terá um prazer enorme em contar com esse novo membro da família em seu lar.

o fabuloso gato

a origem dos gatos

A hereditariedade sempre se manifesta

Há milhares de anos os gatos vêm sendo domesticados pelos seres humanos como companhia ou para controlar certas pragas, mas todos os donos ou futuros donos devem estar cientes de que o animal descende de um predador altamente eficaz.

História

Na realidade, a adorável bolinha de pelos aninhada em seu colo é membro de uma altiva espécie de predadores cuja história remonta a cinco gatas que viveram no Oriente Médio há cerca de 130 mil anos. Os parentes selvagens do gato – com os quais ele compartilha informações genéticas – são a onça-pintada, a jaguatirica e a suçuarana (ou puma), que habitam as matas brasileiras.

A prova mais antiga da domesticação dos felinos provém de uma sepultura no Chipre de 9.500 anos, onde se encontrou um gato enterrado ao lado de uma pessoa, mas é provável que o processo tenha começado gradualmente há cerca de 12 mil anos, quando povos nômades caçadores se tornaram sedentários e passaram a cultivar o solo. A seguir, veio o cultivo de grãos e a construção de celeiros. Com isso, pequenos gatos selvagens começaram a surgir das matas para caçar ratos e camundongos atraídos pelos grãos. Assim, as pessoas logo reconheceram a importância de ter esses eficientes exterminadores de ratos por perto.

A função dos gatos na sociedade mudou radicalmente há cerca de 6 mil anos, quando o Egito – na época o país mais importante do norte da África – começou a venerar essas úteis criaturas como seres sagrados de Ra, o deus-sol, e de Bast, a deusa da fertilidade. Naturalmente, ainda hoje milhões de pessoas no mundo inteiro continuam adorando (ou até venerando!) seus bichanos.

O desenvolvimento das raças

Muitas raças atuais de gatos domésticos foram se desenvolvendo ao longo do tempo, por meio da seleção natural e do cruzamento entre os diversos tipos, domésticos ou selvagens, há milhares de anos. Há registros ingleses do século 16 sobre exposições de gatos, porém a criação para essa finalidade só ganhou força no final do século 19.

Em 1871 houve uma grande exposição de gatos das raças persa e british shorthair em Londres e, por volta da mesma época, o jornal *New England* sediou a primeira exposição de gatos dos Estados Unidos, com foco na raça maine coon.

um corpo fascinante

Físico felino

Seu gatinho pode não parecer um rei da selva, mas tem as mesmas qualidades de uma suçuarana, uma onça, um tigre ou um leopardo. É um carnívoro essencialmente predatório adaptado à boa vida caseira, mas seu corpo continua ágil à vida nas matas.

Dentes

Miniaturas dos dentes do leão, os dentes do gato e o espaço entre as presas (caninos) são perfeitos para abocanhar as vértebras cervicais de sua vítima favorita, quebrando--lhe o pescoço. Enquanto as presas do leão são espaçadas de forma perfeita para matar gnus e zebras, os dentes de seu gatinho são posicionados de forma ideal para o tamanho dos ratos. Com dentes laterais e posteriores projetados para cortar carne, o gato não consegue triturar muito bem os alimentos.

Olhos

Dizem que os gatos enxergam no escuro, mas isso não se aplica à escuridão total. Seus olhos, porém, funcionam melhor com pouca luminosidade do que os nossos. Além de ter a córnea, a pupila e o cristalino bem maiores do que os nossos, também contam com uma membrana celular especial, que conserva a luz por tras da retina, funcionando como um espelho de alta precisão. É essa membrana que dá aos olhos do gatinho um brilho dourado ou esverdeado quando refletidos por alguma luz à noite.

Bigodes

Associados ao tato do animal, funcionam como antenas sensíveis de rápida detecção. Alguns estudos apontam que os gatos podem inclinar os bigodes para baixo a fim de se orientar quando vagam à noite em terrenos acidentados.

Patas

Examine atentamente as patas de seu bichano. Note que há uma "almofada" em cada dedo e no meio, não permitindo o contato direto com o solo. Embora não amorteça choques como as almofadas reais, funciona como um dispositivo antiatrito e antiderrapante quando o gato se locomove (ao saltar, por exemplo).

sentidos e sensibilidade

Os cinco sentidos

Com os sentidos bem aguçados, até os mais novinhos são perfeitamente capazes de ter noção do mundo à sua volta.

Visão

Os olhos felinos se adaptam bem com pouca ou nenhuma luz, o que é precioso para um animal caçador (p. 12). Sua visão binocular – importante aos animais caçadores para avaliar a distância dos alvos com precisão – é melhor que a dos cães. Atualmente se sabe que os gatos enxergam cores, embora não deem muita atenção a elas.

Audição

Assim como nós, os gatos conseguem identificar a origem dos sons, mas sua audição capta altas frequências, ou seja, é bem mais aguçada do que a nossa.

Olfato

Graças ao focinho, o gato tem um olfato bem melhor do que o nosso. Suas narinas têm

cerca de 19 milhões de terminações nervosas farejadoras, enquanto os seres humanos têm apenas cerca de 5 milhões. Também há uma pequena estrutura incomum no céu da boca do gato – o órgão de Jacobson –, que analisa a composição de certos odores, particularmente os odores sexuais. Ao franzir o focinho com uma careta, o gato está usando o órgão de Jacobson. Isso pode ser observado quando ele fareja um canteiro com a erva-do-gato (estimulante para o felino) ou o rastro de urina de outro gato na calçada.

Paladar

Os gatos se alimentam de maneira altamente criteriosa (pp. 54-55), mais do que os cães. De fato, eles têm paladar aguçado, captado por papilas gustativas na língua e enviado por canais nervosos ao cérebro. Atualmente é sabido que os gatos têm alguns nervos condutores de sabores doces, e esse número tende a aumentar à medida que compartilhamos a casa, nossos hábitos e, consequentemente, guloseimas doces.

Tato

Esse sentido é importante para os gatos e é claramente demonstrado pela maneira carinhosa como se esfregam e ao se esbarrarem nas pessoas, em outros animais ou em objetos. Para um recém-nascido, que é cego, incapaz de farejar e tem os ouvidos fechados, o sentido do tato é vital para reagir às vibrações da mãe ronronante quando ela o chama para se alimentar.

sete vidas?

Primeiro, as patas no chão

Diz a lenda que os gatos têm sete vidas. É provável que essa ideia bizarra se deva à aura de mistério e segredo que envolve esses curiosos animais.

Com as habilidades físicas de seu pequeno e maleável corpo, esses animais têm aptidão para escapar de ângulos fechados e acidentes iminentes. Com um pouco de sorte, seu gatinho pode ter uma vida longa. A expectativa média de vida dos felinos domésticos é 15 anos, embora muitos cheguem a comemorar o 20º aniversário.

Equilíbrio

Graças ao sentido preciso de equilíbrio, os gatos evitam muitas situações de perigo. Estão entre os melhores equilibristas da natureza, pois conseguem, sem grande esforço, caminhar no galho mais fino de uma árvore ou no beiral de uma janela alta. Isso se deve aos sinais e comandos informativos que recebem inconscientemente, fazendo a ligação entre visão, ouvido e cérebro. Observe como a cauda de seu bichano o ajuda a manter o equilíbrio – como a longa vara carregada por equilibristas na corda bamba. Mesmo raças sem cauda, como a manx, se saem muito bem.

Queda

Olhos, ouvidos e cérebro também são acionados quando o gato cai do alto. Atuando em conjunto, corrigem imediatamente a posição do corpo do animal, para que cabeça, tronco e pernas se alinhem velozmente e o animal obtenha uma aterrissagem suave.

Felinos que caem de locais muito altos podem até se machucar menos do que os que caem de distâncias menores. Se cair da janela de um edifício, por exemplo, as lesões podem ser piores quanto menor for a altura – porém isso só vale até sete andares.

A explicação para isso é a lei da física: após uma queda de cinco andares, o gato atinge a velocidade máxima, que permanece constante. Então o mecanismo do ouvido perde a noção de qualquer aceleração e é desativado. Assim, o gato relaxa e estica as pernas como um paraquedista em queda livre, estabilizando a descida. Além disso, um corpo relaxado é menos propenso a fraturas que um corpo tensionado.

no rastro de casa

Um incrível senso de direção

Quando se perdem, os gatos têm uma capacidade notável de achar o caminho de volta para casa. É comum eles voltarem ao antigo lar depois que a família muda de endereço.

Há muitos relatos sobre animais que percorreram enormes distâncias para reencontrar a família querida. O gato que viajou mais de 2 mil km da Califórnia até Oklahoma provavelmente é o maior recordista de que se tem notícia.

Como na navegação

Acredita-se que os gatos percorram longas distâncias utilizando uma espécie de navegação astronômica. Ao sentar-se no jardim, seu cérebro registra subconscientemente o ângulo do sol em uma determinada hora do dia, assim como a posição das estrelas à noite. A exemplo dos seres humanos e de vários outros animais, inclusive as baratas, é provável que os gatos possuam relógio biológico interno e algumas células cerebrais dotadas de partículas magnéticas funcionando como bússolas.

Quando está longe de casa, o gato nota que a posição do sol é diferente e, ansioso para voltar ao lar, começa a caminhar. Se perceber que o ângulo está diferente daquele que via em casa, dá meia-volta e segue por outro caminho, em que o ângulo melhore. Dessa forma, por tentativa e erro, astutamente acha a direção certa, segue em frente e, quando necessário, muda de direção. Ao se aproximar de casa, com o sol já "no lugar certo", paisagens e sons familiares passam a guiá-lo rumo ao lar.

Mudança de endereço

O sistema de orientação pelo sol não funciona se um gato for abandonado por uma família que muda de endereço. Ele não consegue achar o paradeiro da família. Por isso é difícil explicar a história do conde de Southampton, mecenas de William Shakespeare. Quando estava preso na Torre de Londres, seu gato fiel o encontrou e desceu pela chaminé até sua cela. Será um sexto sentido felino?

em que os gatos pensam?

Deliberações felinas

Em que seu gatinho está pensando quando fica olhando pela janela? Numa bela refeição ou no gato rechonchudo do vizinho? Será que ele está pensando em sair da janela e ir para uma cama bem confortável?

Na realidade, os gatos não param para pensar em acontecimentos passados ou especular sobre o futuro. Portanto, seus donos jamais devem puni-los por algo feito há pouco, pois eles simplesmente não entenderiam "pegue no flagra". No entanto, eles absorvem muito bem as informações, retendo-as em seu banco de memória para depois utilizá-las na solução de problemas. Está provado que, a curto prazo, eles retêm memórias por cerca de 16 horas, ao passo que a memória de curto prazo de um cão dura apenas 5 minutos. Alguns estudos apontam que o gato, devido ao uso hábil das informações que recebe, é o mais inteligente de todos os animais de companhia do homem; sua inteligência equivale à de uma criança de dois ou três anos de idade.

Aqui e agora

Assim como nós, os gatos aprendem por observação, por imitação e por tentativa e erro. Para lembrar-se de algo e reter na memória de longo prazo, é preciso que executem e não apenas observem.

Quando você viaja e deixa o animal em um hotel para gatos, ele não sente sua falta nem fica abatido pensando por que você não está mais presente e o sujeitou a esse confinamento. Seus pensamentos concentram-se no presente: a comida, os funcionários e o ambiente, os odores e sons desse novo local. Ele passará o tempo todo reagindo aos estímulos, não devaneando.

Felizmente, quando você voltar para buscá-lo, ele o reconhecerá na hora e demonstrará sua alegria.

Terceiro olho

Os gatos costumam ser associados ao sobrenatural. Muitos acreditam que eles têm poderes sobre-humanos, por exemplo, que consigam prever a erupção de vulcões, a iminência de terremotos e, é claro, a chegada de seus donos do trabalho. Porém isso é explicado devido à sensibilidade aguçada a sons e vibrações (os ruídos emitidos pelo motor do carro são reconhecíveis a longa distância, bem como os tremores da terra). Apesar disso, não é impossível que eles tenham alguns poderes de telepatia.

garras afiadas, cérebro aguçado

Einsteins felinos

Há quem diga, especialmente os apaixonados por cães, que os cachorros são mais inteligentes do que os gatos. No entanto, os únicos argumentos para essa crença é que os cães são treinados com mais facilidade e obedecem docilmente às ordens dos donos.

Quem prefere gatos sabe melhor disso, é claro. Os gatos podem ser treinados (pp. 89-111), mas sujeitar-se a ordens pode não ser um indicador confiável de inteligência. Muitos biólogos consideram os gatos muito inteligentes tanto pela notável adaptação à relação com o dono, sempre mutável há milênios, quanto por sua capacidade de assumir o controle de acontecimentos e situações variadas com independência e iniciativa, não como criaturas obedientes aos comandos alheios. Essa característica é comum em animais caçadores e essencialmente solitários, dotados de sentidos aguçados e um físico atlético.

Medindo a inteligência

Decidir se o gato é mais inteligente do que o cão depende de como se mede a inteligência. Há muitas controvérsias e a questão divide até cientistas que estudam diferentes grupos de uma só espécie, como a *Homo sapiens*. Não há um padrão confiável.

Um método questionável para comparar graus de inteligência envolve medir o peso do cérebro e o comprimento da espinha dorsal. Isso leva a uma razão que representa a quantidade de matéria cerebral que controla uma massa corporal específica, a ser calculada. Certos cientistas acham que essa razão deve ser maior quanto mais inteligente for o animal.

Com base nisso, um ser humano tem como resultado uma razão de 50:1; um sagui, 18:1; um cão, entre 9:1 e 7:1, dependendo da raça; e um gato, 4:1.

Críticos do método argumentam que inteligência não se mede pela anatomia, sendo fundamentalmente "imponderável". Concordo e acho que outros fãs de gatos também.

Na internet há listas de raças de gato com média de inteligência classificada de 1 a 10. Segundo uma lista, o gato mais inteligente é o pequeno sphynx de fina penugem, ao passo que os mais atrapalhados são os himalayans e os shorthairs exóticos. (Há alguns gatos excepcionalmente brilhantes dessas duas raças.) Como não há menção sobre como tais conclusões foram obtidas, é melhor desconfiar. Afinal, você sabe que seu bichano é inteligente e não precisa de lista alguma para provar isso.

a chegada do gatinho

o gatinho estreia na área

Preparação para o grande dia

Antes da chegada do gatinho, é preciso tomar algumas providências para que no dia tudo corra bem. Compre vários itens para ele com antecedência, não deixe tudo para a última hora.

Itens internos

A primeira providência é comprar uma caixa de transporte a fim de levar o gatinho com segurança para casa (p. 158).

Outro item importante é escolher uma cama para o gato entre os vários tipos à venda no mercado (p. 159). Porém, é natural que ele prefira outro lugar para seus cochilos

quando conhecer melhor o ambiente. Gatos são assim mesmo! A cama deve ser colocada em um lugar calmo e isolado da movimentação dos moradores da casa.

O gatinho também vai precisar de uma caixinha com areia (ou liteira, pp. 94-95). Atualmente é possível encontrar areia biodegradável no mercado, muito mais ecológica.

Outros itens necessários são recipientes para ração e água (lave-os separadamente da louça da família). Você também vai precisar de instrumentos para a higiene do gato (pp. 46-47) e, mesmo que ele tenha um microchip implantado (p. 185), talvez possa se adaptar a uma coleira com plaqueta de identificação.

Uma coisa muito útil é o arranhador, seja um pau revestido de carpete, uma almofada felpuda ou uma pirâmide de tecido grosso. Há também estruturas para escalada ou cercadinhos, que criam um ambiente seguro até o gatinho se familiarizar com o novo lar. E não esqueça de providenciar alguns brinquedos adequados.

Se o gatinho puder sair de casa quando tiver idade suficiente (somente após tomar as vacinas), é recomendável instalar uma portinhola basculante em uma porta, janela ou parede. Depois, é preciso ensiná-lo a usá-la (p. 102).

Segurança é fundamental

Examine sua casa minuciosamente para verificar se há riscos potenciais para o gato e mantenha-se sempre vigilante:

- Caso haja lareira, ela tem um guarda-fogo de proteção?
- Há quaisquer objetos de valor ou de estimação, como bibelôs, ao alcance de um gatinho curioso e ágil?
- Há plantas tóxicas ou perigosas dentro ou fora de casa (pp. 128-129)?
- Todos os fios elétricos estão recapeados e seguros?
- Você tem um anteparo para chapas elétricas e para placas de forno?
- Todas as latas de lixo estão devidamente tampadas?

Lembre-se de manter utensílios afiados, objetos pequenos e sacos plásticos fora do alcance do gatinho. Mantenha as portas do forno, da geladeira, do freezer e da máquina de lavar sempre fechadas para evitar que seu bichano entre nesses equipamentos e fique preso.

adote este gatinho!

O grande dia chegou

Finalmente chegou o dia de você buscar seu novo companheiro. Você está cheio de expectativa com a alegria que ele certamente trará para a família.

Se possível, é melhor irem duas pessoas da família – uma para dirigir o carro e outra para segurar a caixa de transporte no colo, seja uma caixa plástica, um cesto daqueles antigos ou um caixote temporário de papelão resistente (p. 158). Forre o fundo com camadas de jornal ou uma toalha velha.

Primeiras impressões

Esse pode ser seu primeiro encontro com seu futuro animal de estimação, especialmente quando se tratar de um gatinho para adoção. Portanto, antes de colocar essa bolinha de pelos e olhos arregalados (que provavelmente estará nervosa) na caixa de transporte e voltar para casa, há algumas coisas a fazer.

- Examine o animal em busca de quaisquer sinais de anomalia.
- Ele está alerta e se movimenta bem?
- As orelhas e o nariz estão limpos e desobstruídos?
- A pelagem está intacta e uniforme ou tem falhas ou manchas ásperas?

Levante o rabo do gatinho para ver se há qualquer resquício fecal que possa indicar diarreia. Caso tenha alguma dúvida, pergunte ao criador. Pode ser aconselhável ir ao veterinário já no caminho para casa. Na maioria dos casos, mesmo que o animal lhe pareça perfeito, é bom deixar um veterinário examiná-lo logo nos primeiros dias após a chegada.

Se o gatinho foi vacinado, o criador deve lhe dar um atestado de vacinação. Se o animal tiver pedigree e for comprado de um criador especializado, você também deve receber os documentos que atestam o pedigree.

Informe-se sobre a ração que estavam dando ao gatinho e, se possível, leve um pouco para casa, mesmo se desejar trocá-la.

Indo para casa

Agora está tudo pronto. Ponha o gatinho na caixa de transporte segurando-o delicadamente, porém com firmeza, e use uma mão para apoiar seu traseiro. Feche a porta da caixa rapidamente e tranque-a bem.

bem-vindo ao lar

O gatinho entra em seu novo domínio

Chegando em casa, é hora de começar a apresentá-la ao gatinho. Esse processo requer calma e costuma ser mais fácil quando o recém-chegado é um filhote, não um gato adulto.

O primeiro contato com os seres humanos

Ponha o gatinho em um cômodo silencioso e deixe-o sozinho pelo menos por 24 horas, com sua caixinha de areia, ração e água. Verifique se ele não consegue escapar do local e deixe-o explorar tudo minuciosamente. Não permita que outros animais da casa entrem.

Visite-o frequentemente para falar com ele e fazer festinha, mas outros familiares só devem ser apresentados quando vocês dois já tiverem uma relação de confiança. Quando for o momento de os outros entrarem, peça-lhes que esperem o animal se aproximar. É importante que ele não seja acossado por alguma pessoa que dê gritinhos de alegria e, nesses primeiros dias, é uma má ideia pegá-lo muito no colo. Observe-o, fale e brinque de forma simples com ele. Deixe-o experimentar alguns brinquedos novos, como bolinhas de pingue-pongue, uma rolha ou um barbante, e sempre recompense a relação cada vez mais confiante entre vocês com muito carinho, elogios ou uma bolinha de ração.

Fique de olho nas crianças pequenas e bebês para evitar que peguem o animal de mau jeito ou que alguém se machuque.

Apresentando os outros animais da casa

Após ficar sozinho por alguns dias, o gatinho deve ser apresentado aos outros animais da casa. Peça a alguém da família para trazê-los ao cômodo no qual você está sentado com o gatinho nos braços. Vigie cuidadosamente esse encontro e tenha alguns petiscos para animais à mão a fim de recompensar o bom comportamento deles. Recompensa, não punição, é a chave do sucesso na apresentação de um novo amigo.

Se você já possui outros gatos é comum eles demonstrarem antipatia pelo recém--chegado durante dias ou semanas. Dê afeto a todos igualmente. Os encontros entre os animais não podem ser longos nos primeiros dias. Cães muito impetuosos devem ser distraídos com guloseimas e depois separados do gato. Um cão persistentemente agressivo deve usar focinheira e ser treinado com recompensas para ter um comportamento gentil. Tudo fica mais fácil se cão e gato forem filhotes.

evitando conflitos entre cão e gato

A lista de verificação

É preciso ter um cuidado especial ao trazer um gatinho para uma família que já tem um cão. Conhecer um animal novo, especialmente o arqui-inimigo dos desenhos animados, pode ser estressante, portanto oriente-se pela lista a seguir.

- Não seja impaciente. A harmonização entre eles e a aceitação mútua podem levar semanas e, às vezes, três ou quatro meses.
- Verifique se há esconderijos e rotas de fuga disponíveis ao gato. Se necessário, é aconselhável estabelecer territórios separados para ambos os animais, mantendo portas fechadas e não permitindo o contato sem supervisão.
- Dê ração ao gato em local inacessível ao cão. Gatos gostam de lugares altos, e provavelmente seu bichano se sentirá mais seguro se você lhe der ração em uma prateleira confortável ou em cima de um armário de cozinha.
- Coloque a liteira (caixinha de necessidades) onde o cão não possa interferir quando o gatinho quiser usá-la.
- Alimente o cão separadamente e sozinho. Isso evita o risco de o gatinho "roubar" a ração canina (que, aliás, não é adequada para felinos) e vice-versa.
- Mantenha a portinhola basculante trancada até o gato e o cão estabelecerem uma convivência amigável. Isso também evitará a possibilidade de o gatinho fugir de casa – talvez para sempre.
- Quando não tiver ninguém em casa, mantenha o gato e o cão em cômodos separados.
- Até que os dois animais tenham chegado a um consenso e convivam bem, mantenha o cão preso na coleira, inclusive dentro de casa. Assim você poderá agarrá-lo caso precise controlá-lo (por exemplo, se ele tentar subitamente atacar o gato).

o gato circula pela casa

O que você pode esperar

É muito divertido ter um gato na família, sua espontaneidade conquista qualquer um. Porém, a maioria das coisas que ele faz, obviamente, é apenas para seu próprio deleite.

Observar o gato em seu novo domínio é como contemplar leopardos ou macaquinhos em um safári. Seu bichano é uma miniatura desses animais e, embora não precise caçar para comer – já que você o alimenta –, ele ainda sonha em sair à caça. Tais instintos se refletem em seu comportamento brincalhão.

Pura diversão

É uma delícia observar o gatinho em casa. Ele se aproxima sorrateiramente, fica de tocaia e se joga sobre uma presa que na verdade é um objeto (bolas de pingue-pongue, roupas, pedaços de papel amassados etc.). Tudo acontece de maneira imprevisível. O andar com o dorso curvado e arrastado como o de um caranguejo surge do nada e, às vezes, é seguido por um impulso insano de atacar. Você também verá perseguições em alta velocidade sem alvo definido nem alguma razão óbvia, só por mera graça.

Há também as escaladas, que são feitas com rapidez e agilidade, como em estantes de livros: apenas um deslocamento ocasional de poucos volumes. Sem falar nas cortinas. Escalar o Pico da Neblina é fácil em comparação a uma boa cortina da janela da sala de estar. Para ele, o ideal seriam cortinas de tecido grosso e áspero, pois aumentariam o charme e a facilidade para subir por elas.

Começando a conhecer você

Dizem que a curiosidade matou o gato, mas seu bichano altamente curioso continuará vivaz por muito tempo. Ele ficará tão fascinado por lugares escurinhos – caixas, gavetas, sacolas de papelão etc. – que

muitas vezes você o encontrará dormindo por lá.

À medida que a relação entre vocês dois se fortalecer, ele se comunicará com miados e por meio da linguagem corporal, demonstrando afeição e respeito com lambidas e mordidinhas leves.

O gatinho poderá se esconder sob seus pés enquanto se situa no ambiente. Não se preocupe, quando você sair de casa, usufrua a experiência de voltar e ser recebido na porta por uma bolinha de pelos que lhe dá as boas-vindas miando, ronronando e se esfregando em suas pernas.

a primeira noite do gatinho em casa

Mostrando-lhe o novo quarto

Compreensivelmente, o adorável punhado de pelos e olhos brilhantes estará ambíguo e até um tanto apreensivo ao conhecer seu novo ambiente.

Embora você tenha tomado todas as providências necessárias para a chegada do bichano (pp. 26-27) e não lhe apresente toda a família logo de cara (pp. 30-31), a primeira noite em uma casa estranha é difícil para ambas as partes.

Aclimatando-se

Mostre o potinho de ração ao gatinho e lhe ofereça água. Depois, indique a caixinha de areia e deixe que ele a examine, iniciando logo o treinamento para as necessidades fisiológicas (pp. 94-95). Por fim, mostre a cama dele, que deve estar em local calmo e isolado da movimentação da casa. Não o importune nem o toque demais. Se ele vier em sua direção, pegue-o e lhe faça carícias.

Dê liberdade e espaço para o animal se movimentar à vontade. Deixe-o explorar o ambiente e, enquanto o observa, fale bastante com ele usando um tom de voz bem tranquilo. Ele pode parecer confuso e começar a miar tristemente. É comum isso acontecer quando um gatinho recém-desmamado se vê pela primeira vez sem a mãe ou os irmãozinhos por perto.

Dormindo com estranhos

Há quem discorde, mas levar o gatinho, com ração, água, caixinha de areia e cama, para passar a primeira noite em seu quarto pode ser uma boa solução. Se ele preferir se aninhar em seu edredom ou dormir enrolado acima da sua cabeça, qual é o problema? Não se surpreenda se o bichano acordar várias vezes durante essa primeira noite. Ele se acostumará com a casa gradualmente e, após a primeira noite, você pode levar a cama dele para o local definitivo.

o que o gato gostaria que você soubesse

Este comportamento é normal

Se pudesse falar com você, seu bichano diria que ele, assim como todos os outros gatos, não mudou sua natureza ao longo de eras de domesticação.

Os gatos são um dos animais mais bem-sucedidos da natureza: belos predadores, talentosos, independentes e aristocráticos. Diferente dos cães, que são animais gregários, os gatos são individualistas, de hábitos solitários, sendo portanto ideais para uma relação mais intimista. Apesar dessa independência toda, eles também podem aprender a gostar da companhia de pessoas.

Ainda caçadores, continuam praticando e se deleitando com as técnicas e a emoção de caçar. Às vezes certas pessoas os julgam cruéis devido ao modo como brincam com sua presa – por exemplo, uma lagartixa azarada – antes de finalmente a matarem, mas nessas ocasiões eles estão apenas praticando suas habilidades instintivas de caça.

Os gatos passam muitas horas do dia simplesmente observando o mundo a seu redor – um dos lugares favoritos é o peitoril da janela – e usando seus sentidos aguçados para detectar a presença de uma "presa" potencial. Ao ar livre, gostam de ficar de tocaia sob arbustos, plantas e em cima das árvores. Então, como dormem em média 16 horas por dia, quando querem tirar uma soneca vão para algum lugar seguro – um telhado, um galpão no jardim ou uma poltrona favorita dentro de casa. Mesmo dormindo, seus sentidos continuam em alerta e, se um alarme soar, o animal acorda instantaneamente, pronto para entrar em ação.

Como fã de gatos, você saberá que a relação com seu bichano nunca envolverá um sentido de "posse". A individualidade do gato não é negociável. Você deve considerá-lo como um hóspede voluntário em seu lar, que opta por ficar com você e pede pouco em troca, exceto ração e água. Diferente do cão, o gato não permanecerá com você se não for bem tratado. Mas, se você se empenhar em entendê-lo do jeito que ele é, avaliar bem suas necessidades e estimular seus instintos naturais, você será altamente recompensado com muito respeito, afeto e lealdade. É muito importante se comunicar com seu animal frequentemente e aprender a entender seu temperamento individualista.

veja como eu cresço!

Os marcos de crescimento do gatinho

É extremamente fascinante acompanhar o crescimento do gatinho. O problema é que muitas vezes o processo parece se dar da noite para o dia. Aqui estão os estágios para observar e quando devem ocorrer.

Deixando a mãe

Um gatinho só deve ser separado da mãe quando já tem seis semanas, a menos que haja razões médicas para antecipar esse prazo. Oito semanas, período em que já desmamou, é o tempo ideal.

Se tiver no mínimo seis a oito semanas de idade quando for para sua casa, o gatinho já vai gostar de correr pelo espaço, se lamber e iniciar o treinamento para as necessidades fisiológicas. Se a mãe lhe ensinou as noções básicas, ele começará a praticar técnicas de caça. Por volta de oito semanas, já com todos os dentes de leite, ele estará totalmente desmamado. Com doze semanas os olhos terão adquirido a cor definitiva e os dentes permanentes começam a nascer. Durante essas semanas iniciais é importante que o animal aprenda a interagir com as pessoas e outros animais. Esse período de socialização o ajuda a gostar de ser tocado e a desenvolver a independência em relação à mãe e aos irmãozinhos.

Um dia **Dez dias** **Três semanas** **Cinco semanas**

O DESENVOLVIMENTO DO FILHOTE

7-20 dias Os olhos abrem.

15-21 dias Rasteja e cambaleia ao redor.

21-25 dias Anda.

Cerca de 3 semanas Mães que saem ao ar livre começam a trazer presas para os filhotes.

3-4 semanas Inicia o desmame. É hora de começar a treinar o gato a utilizar a caixa de areia.

4-5 semanas Aprende a se limpar, a brincar e começa a correr.

6-8 semanas Começa a praticar técnicas de caça; ele aprenderá mais rápido se puder ver a mãe caçando.

8 semanas Totalmente desmamado. Todos os dentes de leite nasceram.

12 semanas Os olhos adquirem a cor permanente.

12-18 semanas Os dentes permanentes começam a nascer.

24 semanas O gatinho está completamente independente da mãe.

Quatorze semanas

Cinco meses

Gato adulto

locomoção com seu gato

Vamos sair

Inicialmente, a maioria dos gatos detesta carros. O barulho, as curvas sinuosas que afetam seu senso de orientação e a experiência desconhecida do cenário externo se movimentando velozmente são perturbadores.

Os gatos, porém, se acostumam a andar de carro desde que você se empenhe nisso da maneira correta.

Passeios curtos

Comece a andar de carro com o gatinho quando ele tiver por volta de três meses.

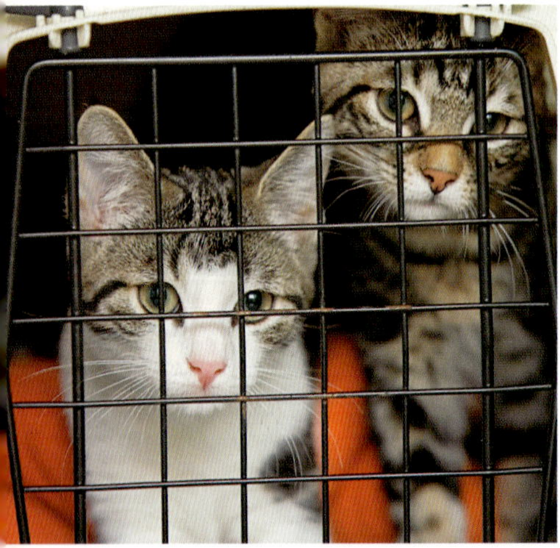

Antes do primeiro passeio, faça-o se familiarizar com a caixa de transporte, deixando-a algumas semanas com a porta aberta e algum revestimento macio dentro, de forma que ele possa explorar tudo minuciosamente. Coloque uma roupa sua usada dentro, como uma meia ou uma camisa, para que ele se tranquilize com o cheiro familiar.

Em hipótese alguma faça o primeiro passeio levando-o ao veterinário – para suas primeiras vacinas, por exemplo. Caso contrário, o gatinho irá associar essa experiência inicial no carro com um lugar estranho, uma pessoa estranha pegando nele, um cheiro esquisito de antisséptico e, pior ainda, a picada desagradável de uma agulha.

Nas primeiras saídas de carro, faça passeios curtos três ou quatro vezes por semana até lojas ou uma volta no quarteirão, em suma, nada muito demorado. Lembre-se de que o gatinho não deve ficar exposto ao ar livre até tomar a segunda rodada de vacinas, caso isso ainda não tenha acontecido.

Antes de sair

Não alimente o gatinho antes de sair de carro, pois ele pode ficar nervoso e vomitar, mas leve água para o caso de ele sentir sede.

Coloque a caixa de transporte no banco traseiro ou ao seu lado, mas jamais no porta-malas. Prenda-a de forma segura com o cinto de segurança ou algum tipo de correia. Não o deixe exposto diretamente à luz solar e verifique se o carro está bem ventilado e se a temperatura não está alta ou baixa demais.

De volta para casa, leve a caixa para dentro, abra a porta e deixe o gatinho sair no momento que quiser. É uma boa ideia oferecer imediatamente água fresca e dar bastante atenção ao animal, por exemplo, brincando com ele.

higiene e alimentação

gatinhos bem cuidados

Limpeza completa

Os bichanos são melindrosos com a higiene pessoal, e lamber-se – e lamber outros gatos – é algo natural para eles. A língua áspera remove pelos soltos, desembaraça nós, tonifica os músculos e promove socialização mútua.

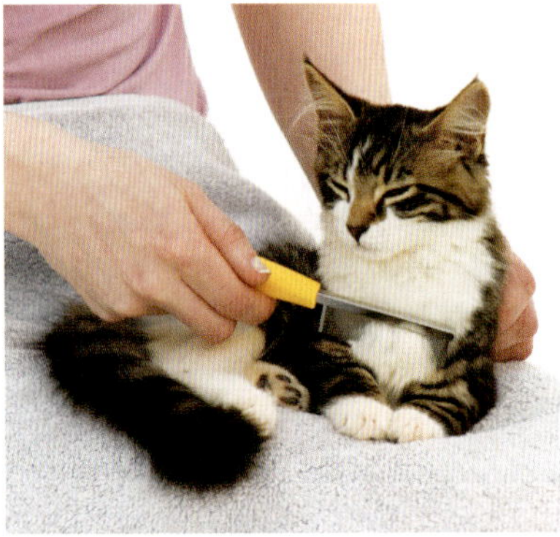

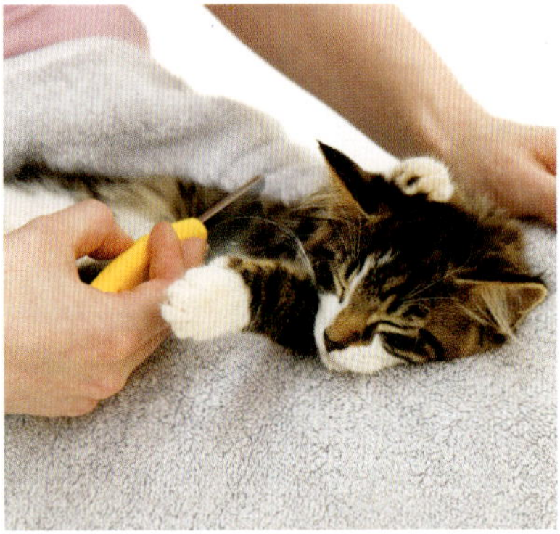

Gatos de pelo curto

1 Use uma escova macia ou uma luva para remover pelos soltos na cabeça e no dorso. Deslize um pente de dentes finos da cabeça até a cauda, no sentido da pelagem. Depois mude de direção, penteando no sentido contrário da pelagem.

2 Vire o gato para que a cabeça dele se apoie em sua barriga ou em seu joelho. Vire-o suave e lentamente, segurando o tronco dele com as duas mãos. Agora penteie o lado inferior do animal da mesma maneira que antes. Se quiser, esfregue a pelagem com um pano úmido ou um pedaço de camurça.

Ajudar o gatinho a se limpar evita a formação de bolas de pelo em seu estômago e reforça a ligação entre vocês. Você pode comprar pentes, escovas e luvas apropriadas em pet shops ou na clínica veterinária.

Comece as sessões de higiene assim que o gatinho chegar. Faça ele se acostumar gradualmente com a interação envolvida nesse processo.

Faça sessões curtas e agradáveis diariamente, com direito a um petisquinho extra. À medida que o gatinho ficar mais velho, você poderá reduzir a frequência das sessões. Para gatos de pelo curto, duas vezes por semana são suficientes. Gatos de pelo longo, porém, requerem atenção diária. Posicione o animal a uma certa distância, caso ele não esteja acostumado a ser manipulado.

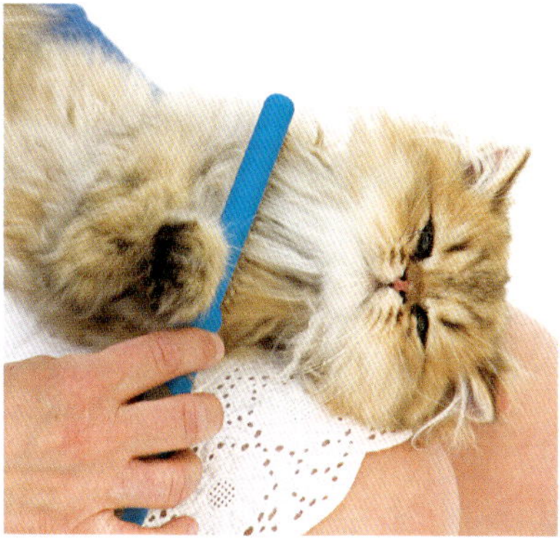

Gatos de pelo longo

1 Escove a cabeça e o dorso do gato com uma escova macia, no sentido da pelagem. Repita várias vezes, depois mude a direção indo da cauda para a cabeça. Desembarace os nós, especialmente atrás das orelhas, na barriga, na virilha e sob a cauda.

2 Vire-o e escove o lado inferior, alternando os movimentos da escova no sentido e no rumo inverso da pelagem. Jogue um pouco de talco e escove para retirá-lo imediatamente. Lustre a pelagem com uma luva apropriada, um pano úmido ou um pedaço de camurça.

hora do banho

Momento de diversão

O gatinho pode precisar de um banho se a pelagem estiver com óleo ou gordura impossível de eliminar de outra maneira. O banho deve ser o último recurso, pois a maioria dos gatos detesta se molhar.

Alguns óleos, como os aromáticos que passam por aquecimento para perfumar o ar de um ambiente, e qualquer coisa que contenha óleo de pinho, fenol ou cresol, como desinfetantes e certos produtos para conservar madeira, são tóxicos para gatos.

BANHOS EM EXCESSO

Embora alguns gatos se acostumem a tomar banho regularmente, você deve evitar que isso aconteça com muita frequência. Exagerar na dose de banhos pode remover os óleos naturais da pele e ressecar a pelagem. Só use xampus suaves. Os pet shops vendem xampus especiais para gatos, mas um para bebês também serve.

Muitas substâncias podem ser ingeridas pelos animais quando eles se lambem e também são absorvidas pelo corpo através da pele.

Se você encontrar óleo ou gordura na pelagem do gatinho e não souber desde quando a sujeira está ali, ou caso suspeite que ele a lambeu, ligue para seu veterinário e peça orientação. Se tiver certeza de que a substância está na pelagem do gato há pouco tempo e não foi lambida, então dê banho nele segundo as instruções a seguir. Use uma bacia ou uma tina na cozinha ou no banheiro aquecido, com todas as portas e janelas bem fechadas. Coloque um tapete de borracha dentro da bacia para que o gato não escorregue.

Ao longo do procedimento, dê bastante carinho e atenção a ele e fale continuamente usando um tom de voz afetuoso. Se o gatinho se recusar a ser banhado dessa maneira e você não conseguir remover a substância, leve-o imediatamente ao veterinário.

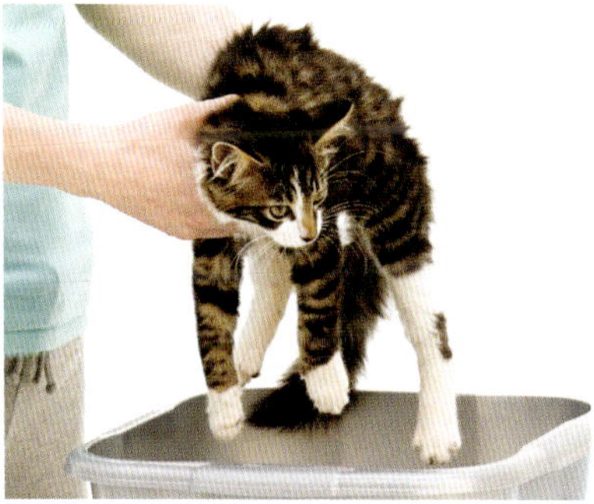

1 Encha a bacia ou a tina com 5-10 cm de água a uma temperatura de cerca de 39°C. Suspenda o gato colocando uma mão sob seu traseiro, enquanto a outra mão segura a parte de trás do pescoço dele. Abaixe-o com a mão que está no pescoço; se ele começar a se debater, segure sua nuca.

2 Use uma esponja para molhar toda a pelagem, exceto a face, depois esfregue um xampu para gatos ou bebês até produzir espuma suficiente. Enxágue bem usando um chuveirinho ou uma caneca cheia de água.

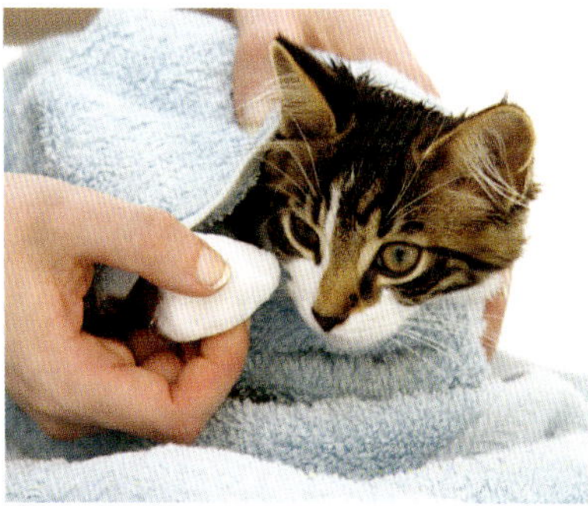

3 Tire o animal da bacia e envolva-o em uma toalha grande e aquecida. Lave suavemente sua face com um chumaço de algodão embebido em água morna. A essa altura, muitos gatos toleram o uso de um secador de cabelos em baixa temperatura. Quando a pelagem secar, penteie-a bem.

gatinho à la carte

Alimentando o bichano

Agora que esse gatinho fantástico mora na sua casa, uma de suas funções principais como dono é alimentá-lo com ração boa e saudável. O problema é que esse animal manhoso também espera que você providencie refeições que ele ache saborosas.

Escolhendo os alimentos

O gatinho pode ter se acostumado à ração que lhe davam antes de você conhecê-lo e só desejar comê-la, recusando outras marcas. Existem gatos que se desenvolveram durante anos comendo apenas a mesma comida básica, semana após semana.

Gatos assim, porém, são raros. A maioria prefere variedade e espera que seus serviçais humanos sempre forneçam menus com novidades (pp. 54-55).

Tanto a dieta básica atual quanto a que você oferecerá na fase adulta devem incluir ingredientes balanceados e nutritivos. Não faltam opções no mercado de três tipos básicos:

- Enlatados
- Desidratados
- Semiúmidos

Esses três tipos de alimento são formulados com dosagens corretas de proteína, gordura, minerais e vitaminas, mas todos têm desvantagens.

Os enlatados, por exemplo, têm alto teor de umidade e algumas vitaminas e minerais podem se perder na água excedente. Os desidratados não perecem em climas quentes, mas alguns gatos não aprovam seu sabor. Às vezes, os bichanos também rejeitam categoricamente alimentos semiúmidos.

Pouco mas com frequência

Como têm estômagos minúsculos, os gatinhos só conseguem digerir pequenas quantidades de ração por vez. Com seis a doze semanas de idade, eles só precisam de duas ou três colheradas de ração quatro ou cinco vezes por dia. Aumente gradualmente a quantidade e diminua o número de refeições para duas ou três ao dia quando eles tiverem entre três e seis meses. Gatos que passam um tempo considerável ao ar livre precisam comer mais do que os que ficam dentro de casa.

É normal eles comerem um pouco de grama. Não impeça, pois isso os ajuda a regurgitar pelos do estômago. Há sementes e vasinhos com brotos de grama para gatos sedentários à venda em pet shops (pp. 128-129).

Não descuidar da hidratação

Deve haver água limpa e fresca disponível o tempo todo, pois é muito comum os gatos sofrerem de problemas nos rins. Você pode experimentar dar um pouco de leite, porém o sistema digestivo dos gatos não digere bem a lactose e, o pior, pode causar diarreia. Opte por leite especial para gatos, sem lactose.

no comando do restaurante

A serviço do gatinho

Ao decidir o menu para seu gato, reflita sobre como organizar a tarefa, a fim de atender bem às necessidades do bichano.

Criando uma rotina

Por volta de seis meses, o gatinho deve fazer três refeições ao dia. Você pode tocar um sininho, bater o garfo numa tigela ou chamá-lo pelo nome enquanto coloca a ração no lugar habitual, assim ele aprenderá rapidamente o significado do sinal e virá correndo. Esse sistema também ajuda a reduzir o alvoroço na hora de comer. Naturalmente, o gato pode vir a reconhecer outros ruídos ou o aroma que indica a hora de comer, como a porta da geladeira sendo aberta ou o pacote de comida farfalhando e cheirando.

Após 15 minutos, retire o prato. Caso ele esteja intocado, tampe-o, coloque-o na geladeira e ofereça novamente mais tarde. A ração do gato deve ser sempre servida em temperatura ambiente, pois alguns bichanos regurgitam rapidamente se estiver gelada. Ao tirá-la da geladeira, espere ficar em temperatura ambiente antes de servir ou leve-a ao micro-ondas por 15 segundos. Verifique se o alimento está em temperatura apropriada antes de servir.

Água limpíssima

Mesmo que você nunca deixe o recipiente de água vazio, às vezes o gato toma água suja de poças no jardim e até tenta tomar água do vaso sanitário. Esse tipo de

comportamento muitas vezes se deve à rejeição ao cloro presente na água de torneira. Isso pode ser resolvido mediante a colocação da água filtrada e límpida, sem a presença de partículas indesejáveis e coliformes fecais. A água da torneira contém muito cloro, às vezes torna-se até esbranquiçada, então dê sempre água de boa qualidade para seu bichano. Alguns gatos gostam de tomar água direto da torneira e, se desejar, você pode comprar um bebedouro inteligente próprio para gatos.

EM PRATOS LIMPOS

É fundamental que todos os potinhos de ração sejam bem lavados pelo menos uma vez por dia e que o recipiente de água permaneça tampado. Não lave os recipientes do gato junto com a louça e os utensílios da família.

comensais exigentes

Driblando felinos manhosos

Gatos podem ser muito exigentes com a comida. Muitos donos gostariam que eles pudessem falar toda manhã para escolher o menu do dia em meio às opções de tantos sachês saborosos à venda nos pet shops.

Gatos parecem mudar de gosto todo dia. Como os donos supõem equivocadamente que se não derem alguma nova iguaria os bichanos vão morrer de fome, alguns torturam seus pobres donos escravos, induzindo-os a uma busca sem fim pelas novidades que aparecem no mercado.

Variedade é o ideal

Certos gatos manhosos preferem comer apenas um tipo de alimento e nada mais: pedaços de carne crua ou peixe cozido, por exemplo, mas essa dieta não é saudável, pois não há equilíbrio nutricional. Carne crua, por exemplo, não tem cálcio e outros minerais na dosagem suficiente, além do perigo de conter salmonela e causar intoxicação alimentar. Peixe branco em demasia pode levar a uma deficiência de vitamina B1.

Todos os gatos devem consumir ração balanceada. Experimente duas ou três marcas e introduza gradualmente nas refeições. Uma coisa é certa: seu gato não vai morrer de fome.

Sinais de saúde debilitada

Obviamente, caso o gato fique manhoso de repente na hora de comer, verifique se ele está com algum problema de saúde. Gengivas machucadas, dentes moles ou o acúmulo de tártaro podem interferir na alimentação. Sempre inspecione a boca do animal minuciosamente (pp. 166-167) e, se surgir alguma dúvida, peça orientação ao veterinário.

Gatos convalescendo de uma doença, como gripe, podem perder o apetite. Instigue-o oferecendo algo com sabor forte que ele não come normalmente. Alguns gatos adoram sardinhas, outros preferem um biscoito de salmão.

Hábitos volúveis

Uma razão plausível para seu gato comer pouco é ele estar sendo alimentado pelos vizinhos. É bem possível que alguém da sua rua esteja acostumado com a chegada diária de um gatinho simpático pela porta dos fundos. Essa pessoa gentil imagina que o bichano está carente de um lar e, com uma despensa farta, sempre lhe oferece uma tigela com pedaços de frango ou atum em lata. Gatos que vagueiam pelo bairro são bem comuns.

a manutenção

Bichanos dão trabalho

Da mesma forma que um carro, um gato requer cuidados constantes. É uma boa ideia dar uma examinada no animal uma ou duas vezes por semana, quando ele estiver tranquilamente aninhado em seu colo. Assim, você identifica logo eventuais problemas e realiza procedimentos simples de "manutenção".

Orelhas

Olhe por dentro para detectar se há algum resíduo gorduroso acumulado, fiapos ou pelos. Caso ache alguma coisa, limpe suavemente com um chumaço de algodão embebido em azeite de oliva morno. A presença de cera marrom-escura pode indicar uma doença típica. Nunca use cotonetes.

Dentes

Abra cuidadosamente a mandíbula do gatinho e olhe o interior da boca. Os dentes de leite devem ser brancos e limpos, as gengivas, aroseadas e saudáveis e o hálito, inodoro. Caso descubra algo preocupante, busque sem demora orientação profissional junto ao seu veterinário ou a uma clínica especializada.

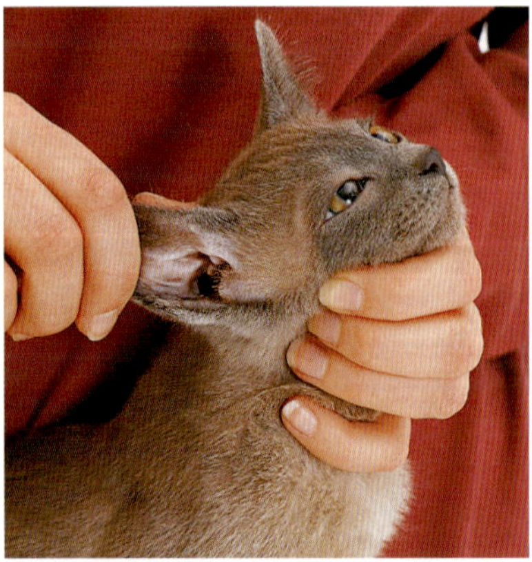

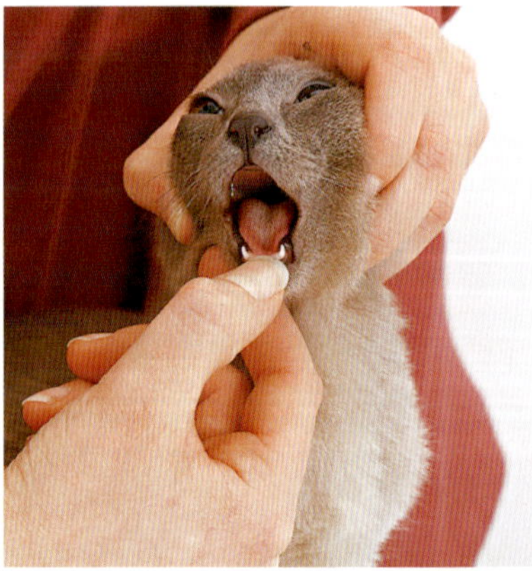

Pelagem

Comece o exame da pelagem deslizando a mão sobre ela. Há manchas sem pelo ou áreas ásperas? Há pelos emaranhados? Em caso afirmativo, solte-os com os dedos e use um pente para separá-los (pp. 46--47). Se o gatinho estiver cochilando durante esse procedimento, é provável que nem acorde. Veja também se há uma espécie de pó fino preto na pele. Esse "pó" é excremento de pulgas, mais fácil de achar do que as próprias pulgas, principalmente em gatos de pelo longo (informe-se sobre tratamento para pulgas nas pp. 174-175).

Olhos e nariz

Agora examine os olhos do animal. Eles devem ser límpidos e as pálpebras sem muco ou outros resíduos. Com os dedos e, se necessário, um pequeno chumaço de algodão embebido em água morna, remova eventuais ramelas nos cantos das pálpebras e crostas perto do nariz.

As narinas estão desobstruídas e sem supurações? O focinho está ressecado e duro? Se estiver, passe um pouco de vaselina. Se o focinho do gato continuar rachado e dolorido por mais de duas semanas, procure o veterinário imediatamente, pois esse problema pode se tornar incurável.

oh, não! tudo menos o veterinário!

Gatos detestam veterinários

Mais cedo ou mais tarde, o novo membro de sua família deve ser levado ao veterinário e cabe a você fazer a visita ser o menos estressante possível para todos.

Sumiço inesperado

Talvez os gatos tenham mesmo poderes telepáticos, pois com frequência parecem adivinhar que serão levados ao veterinário e somem subitamente. Será que eles leem a mente dos donos ou entendem quando você diz: "Hoje às dez horas vou levar a Tabita ao veterinário"?

Muitos colegas veterinários comentam que as pessoas cancelam muito as consultas marcadas para seus gatos ou simplesmente não comparecem por não conseguirem achar o animal. Um gato que normalmente tirava uma soneca na prateleira da estante entre 9h e 12h todo dia sumiu inexplicavelmente no dia de ir à consulta. Um veterinário parou de fazer agendamentos para felinos devido ao grande número de não comparecimentos.

Indo à consulta

Supondo, porém, que na hora de ir ao veterinário seu gato esteja presente sem criar caso, há poucas coisas a lembrar. É preciso que ele já esteja bem acostumado com a caixa de transporte antes da primeira ida ao veterinário (pp. 42-43). Se logo de cara a primeira saída de carro for essa, ele passará a associar o passeio e a caixa de transporte com experiências desagradáveis.

Primeiras vacinas

Telefone para marcar a consulta e chegue pontualmente. Se chegar com antecedência, é melhor manter o gato na caixa de transporte dentro do carro do que na sala de espera, onde haverá cheiros e sons barulhentos de outros animais e pessoas.

Se ele ainda não foi vacinado, a primeira ida ao veterinário será para realizar esse procedimento de suma importância e um *check-up* geral. Aproveite também para conversar sobre castração.

Se o gatinho já estiver indo para uma segunda dose da vacina ou recebendo um reforço na imunização, leve o cartão de vacinação para o veterinário assinar e colocar a data. Guarde esse cartão em local seguro, pois é preciso apresentá-lo nas consultas futuras.

SEM ESTRESSE NO VETERINÁRIO

- Faça o gatinho se acostumar com a caixa de transporte bem antes da primeira consulta.
- Leve-o para um ou dois passeios curtos de carro antes da primeira ida ao veterinário, para ele se acostumar com o carro.
- Sempre que possível, marque a consulta na clínica em um horário calmo.
- Chegue pontualmente e mantenha o animal na caixa de transporte dentro do carro até você ser chamado para a sala de exames.
- Se o bichano já foi vacinado, leve o cartão de vacinação na consulta.

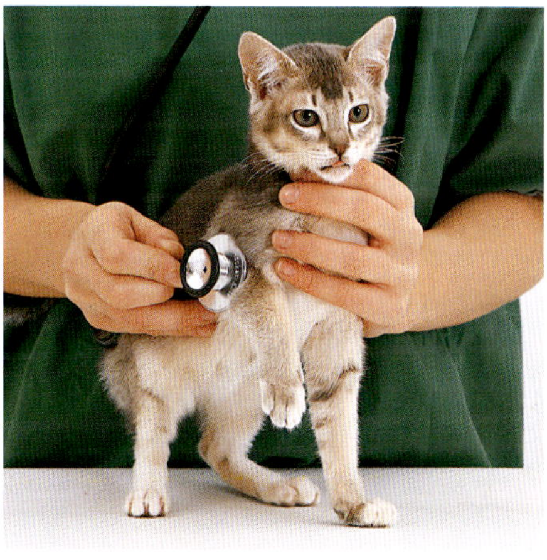

você e seu gato

preste atenção

Conversa de gato

Gatos falam muito, não só por vocalizações, mas também por meio da linguagem corporal, de expressões faciais, toque e comportamento. Escutando e observando seu bichano, você saberá identificar os sentimentos dele.

Os gatos dão uivos raivosos, silvos e cuspidelas, além de gemidos queixosos, miaus tristonhos e ronrons sedutores – os especialistas reconhecem 16 tipos de vocalização. Muitos gatos emitem um som especial semelhante a *pru-pru* quando avistam um pássaro.

Linguagem corporal

Os felinos são altamente expressivos fisicamente. As orelhas de um gato agressivo, por exemplo, ficam empinadas e dobradas para trás, enquanto a cauda fica abaixada, cerrada, eriçada e zunindo. Por outro lado, um gato na defesa arqueia o dorso e vira o corpo de lado, com a cauda arqueada e eriçada. Um gato submisso se encolhe junto ao chão, mantém as orelhas e a pelagem aplanadas e bate a cauda no chão.

Preste atenção na cabeça dele. As orelhas ficam eretas e apontando para a frente quando está alerta e interessado, mas ficam achatadas junto à cabeça quando ocorre algum tipo de confrontação. Em um animal agressivo elas geralmente fazem uma rotação para a frente, mas ficam dobradas para baixo e para o lado se o gato estiver tentando evitar problemas.

A linguagem da cauda é particularmente interessante. Um movimento lento e gracioso indica contentamento. A cauda em posição vertical, especialmente quando a ponta está curvada, sinaliza amizade e, com frequência, é acompanhada de uma fricção corporal, a qual também indica intenções amistosas. Movimentos rápidos da cauda costumam denotar agitação e estresse emocional.

Gatos usam o toque como um importante meio de comunicação com seus pares e com as pessoas. Além de esfregar o corpo sensualmente em nós ou pressionar o nariz, eles nos batem com a testa para expressar afeto ou, mais frequentemente, para indicar que querem algo – geralmente comida.

Os olhos dizem tudo

Os gatos também transmitem mensagens através do olhar. Os defensivos e submissos ficam com as pupilas dilatadas, embora pupilas grandes também indiquem gatos agitados, porém sem medo, por exemplo quando estão brincando. As pupilas de um gato agressivo se estreitam em fendas verticais.

Piscar os olhos lentamente é sinal de que o animal está feliz e relaxado. Gatos que piscam diretamente para os donos buscam ser tranquilizados. Evite fazer contato visual demorado e sem piscar com seu gato, pois olhares desse tipo, tanto de pessoas quanto de outros gatos, são perturbadores e potencialmente hostis para ele.

dicas confidenciais

Pare de falar com seu gato e ouça

Os gatos têm várias maneiras sofisticadas de se comunicar entre si e com pessoas próximas, embora algumas delas sejam tão sutis que os seres humanos não conseguem captá-las e tampouco entendê-las.

Lendo os sinais

As pessoas não conseguem entender alguns sinais dados pelos gatos como os relativos aos odores. Embora possamos reconhecer de imediato o odor forte de sua urina, deixado para demarcar território e avisar a todos de que ele é o dono do pedaço, nosso olfato débil não capta sequer o cheiro de mensagens mais sutis, como esfregar e arranhar, e menos ainda o que elas significam para outros bichanos.

Obviamente, pode-se notar quando o animal está mal-humorado por meio de seu comportamento. Se você pisar na cauda dele, por exemplo, ele mostrará os sentimentos na hora, sibilando ou gritando. Se doer muito e ele se ofender de verdade, uma rápida mordida ou arranhão na sua perna chamará sua atenção imediatamente.

Poucos donos não aprendem a reconhecer um gato faminto, que fica parado junto à tigela de ração encarando alternadamente o pote vazio e o dono. Sua cauda se eleva e, se você abrir o armário em que guarda o alimento do animal, ele se esfregará na sua perna ou dará encontrões em você para incitá-lo a abrir uma lata, um sachê ou a pegar o pacote de ração.

Velhos olhos verdes

Gatos podem ser possessivos com seus donos e ocasionalmente demonstrar ciúmes. Em uma casa com bebê, por exemplo, é importante continuar dando o mesmo grau de atenção e afeto que ele recebia antes da chegada da criança.

Eles também podem ter ciúmes de outros gatos da casa e, se você der muita atenção a um animal só, mostrarão insatisfação sendo irritados e arredios, às vezes rosnando e se afastando quando você o chamar. Provavelmente, ele se sentirá melhor batendo ou mordendo o outro gato, mas você deve estar ciente de que esse tipo de comportamento é previsível em uma casa com vários gatos. Evite ataques de ciúmes lembrando que seu gato é um membro antigo da família, que chegou antes do outro bichano ou do bebê, e dê-lhe mais amor e o alimente primeiro, tratando-o da mesma forma que o primeiro dia em que ele chegou na sua casa.

afague esse gato

Contatos estritos com o bichano

É importante que seu gatinho se acostume desde cedo a ser manipulado, pois o contato manual com ele é crucial para estabelecer uma ótima relação entre vocês dois.

Alguns gatos gostam de ser tocados e afagados, mas precisam se sentir confortáveis e seguros. Siga as nossas instruções e lembre-se sempre de manipular o gatinho delicadamente e com respeito. Evite agarrá-lo e importuná-lo demais.

Como pegar um gatinho

Resista à tentação de pegar o gatinho a toda hora. Deixe-o ter tempo e espaço para fazer o que ele quiser – sair e explorar ou tirar uma soneca. Crianças pequenas podem causar problemas a esse respeito. Nunca pegue o bichano pela nuca nem o erga pelas "axilas" e deixe-o balançando. (No entanto, pode-se erguer um animal machucado pela nuca, sobretudo no caso de alguma fratura.) Gatinhos bebês precisam ser sempre manipulados cuidadosamente, pois seus ossos frágeis, em especial as costelas, são facilmente lesionados por manipulações abruptas.

A maneira correta é colocar uma mão em volta da barriga e a outra sob o traseiro. Ele pode então ser colocado na palma de uma mão enquanto a outra apoia sua cabeça e a parte superior do corpo, segurando-o gentilmente em volta do pescoço ou sob as pernas dianteiras. Se estiver levando o

animal para algum lugar, segure-o próximo a você. Sente-se com ele no colo, faça um afago e talvez ele até cochile. Mas se ele não quiser ser manipulado e tiver vontade de brincar, nunca o solte de uma altura elevada. Deposite-o suavemente, faça uma carícia e ofereça um petisco para gatos ou um brinquedo como recompensa por seu bom comportamento. Pegue o gatinho dessa maneira cuidadosa várias vezes ao dia para que ele se acostume a ser manipulado.

Acostumando a pegá-lo

À medida que ele fica mais velho, você pode pegá-lo colocando uma mão sob suas pernas dianteiras e encaixando-o com a outra mão sob a anca dele. Então levante-o até a altura do peito, segurando o peso dele o tempo todo e mantendo uma mão firme sob seu traseiro. Já erguido, ele pode sentar na curva do seu braço com as patas dianteiras repousando em seu ombro ou em sua outra mão. Com sorte, você ouvirá um ronrom suave em seu ouvido.

UM POUCO DE RESPEITO

A chegada de uma divertida bolinha de pelos macios é motivo de alegria para as crianças, mas é fundamental que elas aprendam a manipular o animal sem assustá-lo ou machucá-lo. Mostre às crianças mais velhas como pegá-lo e, para as mais novas, que podem exagerar no entusiasmo, demonstre a maneira suave de acariciá-lo, sem tapas.

o massagista

Peculiaridades dos bichanos

Você sabe como é, o gatinho está em seu colo, tudo parece bem e, de repente, sem motivo algum, ele começa a "afofar" sua barriga, como se fosse uma massa de pão. Ele pode até morder você suavemente ou cutucá-lo com as garras afiadas. Por que ele faz isso?

Demonstrando afeto

Ao afofar você, o gato está demonstrando afeto. É assim que ele fazia no corpo quente da mãe, pressionando suas glândulas mamárias com as patas a fim de estimular a liberação do leite. Alguns gatos costumam babar enquanto fazem isso e, em geral, também emitem um ronrom. Portanto, se seu gato tiver subitamente o ímpeto de golpeá-lo, deixe-o saciar a vontade.

Mordiscar afetuosamente enquanto ronronam é comum, porém morder forte é outra questão, que deve ser repreendida. Talvez ele esteja tentando atrair sua atenção ou então exercendo a chamada agressão animal. Gatos não se lambem uns aos outros por muito tempo, portanto uma ou duas mordidelas na sua mão sinalizam: "Já é suficiente. Pare, já estou bem limpinho".
Se o gato lhe enfia as garras quando está no seu colo afofando, treine-o para retraí-las. Bata levemente em suas patas com um dedo até que as garras se retraiam, enquanto o elogia com um tom de voz bem suave. Você pode até dar um biscoitinho para gatos como recompensa. Continue repetindo esse treinamento simples sempre que necessário e é quase certo que ele aprenderá a manter as garras encolhidas. Geralmente isso leva uma ou duas semanas, embora alguns animais precisem de vários meses para responder ao treinamento. Isso só demanda a repetição paciente e recompensas em forma de elogios e guloseimas.

Dentição

Às vezes um gatinho com idade entre três semanas e seis meses pode lhe morder. Isso pode acontecer por problemas de dentição. Quando os dentes começarem a surgir, dê ao animal objetos apropriados, como mordedores e brinquedos especiais para esse fim. Com elogios, estimule-o a mordê-los, fazendo-o desistir de testar os novos dentes em seu corpo (experimente soprar forte a face dele, mas jamais bater).

o que está acontecendo?

Por que meu gato faz isso?

Você levou um adorável gatinho bebê para casa, mas que miniatura de tigre é essa? Você esperava apenas uma bolinha de pelos macia, um brinquedinho dócil e bajulador como o cachorrinho que vive na casa ao lado, não?

Caçadores solitários

Não se pode esperar que gatos e cães tenham temperamentos semelhantes. Os cachorros são animais gregários e, quando foram domesticados, passaram a tratar suas famílias humanas como um novo tipo de matilha. Os gatos são fundamentalmente o que sempre foram – caçadores solitários.

Seu bichano pode ter olhos muito azuis e adorar sardinha, mas por trás de sua pelagem macia se esconde um instinto puramente selvagem. Para ele é natural encurralar lagartixas no jardim e trazer penas de presente para você.

Gatos usam alguns sistemas de comunicação entre si (pp. 62-63) e, ao zanzar por aí, seu bichano retomará o papel de predador solitário. As mensagens que ele envia a outros gatos são para evitar conflitos, a fim de continuar ileso e bem-disposto para caçar e ir de um lugar a outro.

Sociedades matriarcais

Embora sejam caçadores solitários e individualistas, gatos selvagens, ferozes e os que vivem em casa com outros de sua espécie tendem a um comportamento matriarcal, onde quem manda são as fêmeas. Em certas ocasiões – atividades sexuais ou quando estão zanzando em território reivindicado ou não por outro gato –, eles seguem as regras hierárquicas da sociedade felina.

Pesquisas apontam que em grupos de gatos ferozes a vida social é orientada por uma rede fechada de fêmeas (avós, mães, tias e filhas), a qual rejeita gatos estranhos. Se você tiver mais de um gato em casa, eles também estabelecerão um matriarcado em que gatos estranhos não castrados serão rejeitados. O ideal, no caso de vários gatos vivendo na mesma casa, é que eles sejam aparentados.

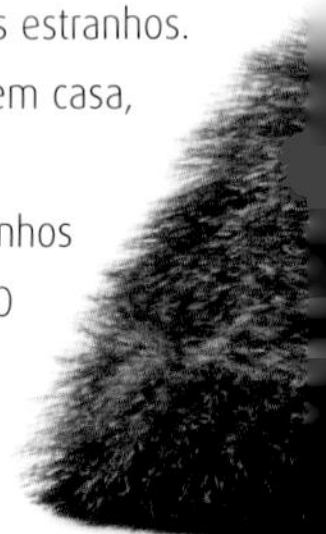

Se desejar trazer outros sem vínculos de parentesco, introduza-os com cautela e paciência. Esfregar-se em outros gatos e pessoas demonstra afeição, respeito e reconhecimento de status. O status é muito importante na sociedade felina – é como se os gatos tivessem certa consciência sobre as classes sociais. A higiene mútua entre eles fortalece as relações e é um método de trocar informações por meio da saliva e dos odores. Um dono sensato entenderá esses papéis que o gato assume e aceitará que sua relação com um determinado gato é diferente da estabelecida com outros bichanos. Possíveis tensões entre o dono e o gato devem ser banidas ou o animal ficará amuado, agressivo ou poderá fugir de casa.

seu gato e você

O gato como psicanalista doméstico

Outra habilidade impressionante que seu gatinho poderá demonstrar é detectar o humor das pessoas com quem convive.

A linguagem corporal do ser humano

Gatos são craques em observar a linguagem corporal humana e associam rapidamente os diferentes tons de voz com o humor da pessoa.

Eles também são extremamente sensíveis ao nosso odor corporal. O equilíbrio químico do suor humano muda conforme o estado mental - a expressão "cheirar a medo" é comum - e de fato a transpiração assume odores diferentes dependendo do humor, por exemplo, em uma pessoa apaixonada ou totalmente relaxada ou absolutamente apavorada. As narinas altamente sensíveis do gato são melhores do que as nossas para detectar quaisquer alterações nos odores e ele reagirá a você de forma condizente com seu humor naquele momento.

Mas eu não gosto de gatos

Quando seu gato se aproxima amistosamente de um amigo, é comum ouvi-lo dizer: "Que curioso, não sou fã de gatos, mas eles sempre têm atração por mim". Isso ocorre com muita frequência: as pessoas que não os detestam nem os adoram volta e meia são acolhidas por eles de forma mais calorosa do que aquelas que são fãs de gatos.

Uma explicação possível está no olhar. As pessoas que adoram gatos tendem a encarar quase sem piscar um bichano que encontram pela primeira vez. Já aquelas que não ligam para gatos os olham com certa indiferença e continuam piscando normalmente. Conforme já foi dito (pp. 62-63), os felinos não gostam de ser encarados por ninguém, nem por outro gato, pois entendem como um conflito iminente - preferem, pelo menos no primeiro encontro, receber um olhar desinteressado e, portanto, não ameaçador.

Quando você estiver com seu gatinho em um momento descontraído, lembre-se de piscar lentamente e com mais frequência do que o habitual para ele. Quando você pisca, a tendência é o bichano também piscar.

os donos do pedaço

A questão dos direitos territoriais

"Não esqueça de que o que é meu ninguém tasca", parecem dizer os bichanos com aquele jeito inconfundível. Os limites do território dentro e fora de casa são demarcados com precisão e claramente indicados para outros gatos que vivem na vizinhança.

Os gatos demarcam seu território erigindo "postes com letreiros" de natureza visível e odor detectável para outros bichanos.

Arranhões

Muita gente acha que um gato arranha as coisas com as garras simplesmente para afiá-las. É claro que arranhar mantém as garras afiadas, mas esse processo não as deixa pontudas como agulhas, apenas remove a camada externa já gasta e expõe a garra nova. Outra função da prática de arranhar é exercitar e fortalecer os músculos e tendões da pata, mantendo-os totalmente preparados para agir, seja entrar numa batalha ou simplesmente escalar a cerca do jardim.

O aspecto mais importante, porém, é que arranhar deixa um sinal visual dos direitos territoriais para os outros gatos da vizinhança. Além disso, quando o gato está arranhando, glândulas odoríferas nas patas liberam uma secreção que emite um sinal olfativo.

Sinais olfativos

O gato deixa três tipos de sinais olfativos: urinários, fecais e os produzidos pelas glândulas cutâneas.

O animal urina deliberadamente quando está demarcando seu território, independentemente da quantidade de urina contida em sua bexiga. O curioso é que a

rotina de soltar jatos de urina segue um padrão imutável: a área esguichada e o número de esguichos nunca variam. Essa demarcação é feita normalmente em uma posição vertical, para que a urina se deposite na altura do nariz, a fim de ser detectada instantaneamente por outros gatos de passagem no local. Gatos de ambos os sexos, castrados ou não, fazem isso.

Ao defecar, o gato sempre tenta enterrar os excrementos arranhando com as patas. Quando o gato defeca para demarcar o território, ele não tenta cobrir. Tipicamente, tais cartões de visita malcheirosos são deixados no alto de estacas ou, mais embaraçoso ainda, no gramado do seu vizinho ao lado.

Ao se esfregar em você ou em outros animais, o gato deixa o odor produzido por suas glândulas cutâneas. Isso identifica o objeto que ele impregnou e indica o status dele para outro gato. Esfregar-se em você é uma maneira de mostrar satisfação e reconhecer a relação entre vocês dois.

dores do crescimento

a adolescência

Sexo à vista

Todo mundo sabe que gatos adolescentes dão problema. Como eles atingem a maturidade sexual muito cedo, você deve se preparar para tomar decisões ligadas ao bem-estar do seu bichano.

Maturidade sexual

Os gatos ficam sexualmente maduros entre 7 e 12 meses, mas pode ocorrer antes, isso vai depender da raça e das características específicas de cada animal.

O cio das gatas costuma durar de 5 a 10 dias e, dependendo do animal, pode retornar após 1 semana ou até 2 meses. Não há sangramento como ocorre com a cadela. Além disso, ao contrário do que muitos pensam, os gatos machos não entram no cio.

Após dar à luz, a gata pode entrar no cio novamente em menos de 1 mês, ainda

enquanto amamenta. Isso vai depender da gata e também da época do ano, pois nas épocas mais quentes os intervalos entre cada cio são mais curtos.

Gatas no cio

O que você percebe quando sua gatinha, agora adulta, entra no cio? Basicamente, a intenção é atrair o macho. Ela se torna bem mais inquieta, afetuosa e bajuladora, além de se preocupar mais com a higiene. Esfrega e ginga o corpo com frequência bem maior e pode uivar de forma estridente, o conhecido "chamado" por um macho. A postura corporal típica nesses períodos é ficar com a parte frontal do corpo rente ao chão e erguer a parte traseira no ar. A cauda chicoteia rapidamente para os lados, enquanto as pernas traseiras pedalam furiosamente como se ela estivesse em uma bicicleta. Caso você a afague, ela tende a se agachar.

É importante refletir sobre o controle de natalidade (castração, histerectomia ou métodos químicos, pp. 80-81 e 82-83), mas se você optar por deixar sua gata adulta ter filhotes, é melhor esperar pelo menos dois períodos de cio completos. Assim, seu corpo fica suficientemente desenvolvido para enfrentar a gravidez e a amamentação, reduzindo riscos de uma complicação no parto ou posterior a ele.

dando cria

Procriar ou não

Você realmente quer que sua gata tenha filhotes? Com certeza, ela adoraria, mas, antes de permitir isso, reflita bem sobre o assunto.

Lamentavelmente não é fácil achar um lar para gatos bebês, a menos que sejam de raças valorizadas, como a bengal. Se seus amigos não quiserem adotá-los, quem se ocupará deles? Atualmente os gatis estão apinhados de gatos para doação e muitas pessoas abandonam crias inteiras na porta dessas entidades de defesa dos animais. Então, como uma pessoa responsável, você deve pensar sobre as alternativas.

Caso tenha uma gata, você precisa optar por alguma forma de controle de natalidade. Não é sensato deixá-la ter ciclos menstruais pelo resto da vida sem reproduzir, principalmente porque fêmeas adultas virgens tendem a desenvolver cistos ovarianos quando ficam mais velhas.

Histerectomia

Trata-se de uma cirurgia com anestesia geral para a retirada dos ovários e do útero. Embora seja um procedimento tão seguro quanto a remoção do apêndice de uma pessoa, há restrições sobre quando fazer:

- A gata deve ter no mínimo três meses. A menos que haja razões médicas, nenhuma fêmea prenha há mais de um mês deve passar por histerectomia.
- A cirurgia não pode ser feita quando a gata está em pleno cio, pois os hormônios estrógenos circulando no sangue nesse período tendem a aumentar o sangramento.

Controle de natalidade

A alternativa à esterilização cirúrgica é a pílula anticoncepcional ou a injeção de um anticoncepcional especialmente formulado para animais de pequeno porte. Acho que é melhor adotar essas opções apenas por períodos curtos, pois o uso a longo prazo pode levar a doenças uterinas e ao aumento de apetite, o que acarreta obesidade. Em geral, a pílula e a injeção também são contraindicadas para gatas diabéticas.

Castração

A castração tem vários benefícios:

- Evita a superpopulação de gatos, um problema mundial que leva à eutanásia de animais abandonados.
- Os machos deixam de urinar pelos cantos da casa e a agressão a outros machos é reduzida.
- Os felinos ficam mais carinhosos e caseiros.

A cirurgia deve ser feita apenas no animal púbere, com maturidade sexual. As fêmeas atingem esse estágio mais precocemente (às vezes aos 6 meses), já os machos um pouco mais tarde (cerca de 8 meses).

a castração é cruel?

Por que meu gato deve ser castrado

É comum ouvir as pessoas dizendo que castrar gatos é uma prática cruel. Será que isso é verdade? Na realidade, a castração tem vantagens tanto para o dono quanto para o animal.

A cirurgia

As operações para esterilizar fêmeas e machos – histerectomia e castração – não são cruéis nem dolorosas, graças a anestesias fortes e seguras. A recuperação é rápida e raramente há complicações ou efeitos colaterais.

As vantagens

O gato castrado terá bem menos propensão a sair vagando pelos telhados e a arranjar problemas. Além disso, há muito menos chance de machos de fora entrarem na sua casa para importunar seu bichano e seu jardim (pp. 84-85).

Gatos castrados costumam ser mais saudáveis. As fêmeas não têm doenças nos ovários ou no útero quando ficam mais velhas, e as brigas entre eles, que muitas vezes causam pus e inflamações, diminuem muito.

Impor o controle da natalidade aos nossos gatos é uma medida humana que traz benefícios a longo prazo para os próprios animais. Em caso de dúvida, converse com o veterinário ou com uma sociedade de proteção aos animais.

aquele macho outra vez?

Escapando da atenção indesejada

Fêmeas adultas, principalmente se não forem castradas, podem atrair a atenção de um macho não castrado da vizinhança. Veja como lidar com isso.

Visitante indesejado

Achando-se o garanhão da vizinhança, um gato pode ir à sua casa e anunciar sua presença com grandes jatos de urina malcheirosa na soleira da porta, no peitoril da janela e, se possível, até dentro de casa. Ele está interessado em copular e detectou a presença da sua gatinha no cio: uma fêmea disponível que vive no mesmo território.

Esse tipo de macho costuma ser muito persistente em suas investidas, seja a fêmea receptiva ou não à sua abordagem.

Ação evasiva

Que atitude você deve tomar? Obviamente castrar a fêmea adulta a deixará menos atraente para os machos, mas o fato de haver uma jovem recém-chegada em sua casa pode encorajá-los a continuar invadindo o território dela.

Experimente colocar algum líquido de odor forte, como um repelente veterinário ou óleo de citronela, nos lugares onde o macho costuma urinar. Se ele tiver coragem de entrar pela portinhola basculante, experimente afugentá--lo com palmas fortes e batendo o pé com firmeza no chão. Raramente dá certo pedir ao vizinho, dono do macho, que tente controlar suas visitas mal-intencionadas.

Felinos visitantes adquirem o hábito de roubar ração e também podem estimular outros gatos da vizinhança a invadirem sua casa. Tente cortar o mal pela raiz seguindo nossas sugestões de ação evasiva.

características das raças

A formidável variedade dos gatos

À medida que o gatinho entra na adolescência, as características hereditárias ficam mais evidentes. Esse é um dos aspectos fascinantes de ter um bichano.

Se for adquirir gatos de raça, consulte websites e livros para se informar sobre as características de cada uma antes de decidir qual é a melhor para seu estilo de vida. Há uma infinidade de raças de gatos, a seguir abordaremos algumas delas.

Raças de pelo longo

Muitas delas são denominadas persas. Em geral, as de pelo longo são as melhores para gatos domésticos, mas têm desvantagens como a queda de pelo ininterrupta e a necessidade de higiene frequente. No entanto, algumas delas, como a maine coon, a birman e a norwegian forest cat, têm animais robustos, com personalidade sociável e sempre em busca de aventuras ao ar livre.

Raças de pelo curto

Demandam menos manutenção do que as de pelo longo. Os animais podem cuidar da pelagem sozinhos e precisam de menos assistência no quesito higiene. Há diferentes raças britânicas, americanas e europeias desse tipo, com ampla variedade de cores. Geralmente calmos e inteligentes, os british shorthairs são muito afetuosos. Embora de natureza independente, os american shorthairs são excelentes companheiros, que não costumam vocalizar muito e volta e meia miam bem baixinho. Algumas raças orientais de pelo curto, particularmente a siamesa, são demasiado exigentes e emitem vocalizações estridentes.

Os três tipos rex de pelo curto – devon, cornish e selkirk – tendem a ser muito fiéis e sua pelagem escassa os torna ideais para quem tem alergia a pelo de gato.

O belo korat cinza-prateado, originário da Tailândia, é inteligente e meigo. De voz calma, é uma ótima companhia para as crianças.

O russian blue também tem temperamento tímido e calmo. Fica até difícil perceber quando a fêmea adulta está chamando.

Provavelmente a raça que mais chama a atenção é a sphynx sem pelo, desenvolvida na América do Norte na década de 1960. Esses gatos carinhosos, porém, requerem bastante proteção nos invernos rigorosos.

Híbridos

Caso tenha vindo de um gatil ou instituição de proteção aos animais, seu gato provavelmente é híbrido (sem raça definida). Independentemente de ter herdado ou não alguns genes com pedigree de seus antepassados, ele será tão belo e inteligente quanto um animal de alto pedigree. Graças à mistura genética, será dotado do chamado "vigor híbrido" e certamente será abençoado com uma combinação de genes que lhe dará uma vida menos propensa a doenças do que muitas raças puras.

treinamento

como os gatos aprendem

Treinamento inicial do bichano

Ao iniciar o adestramento do seu adorável gatinho, você poupará esforços se levar em conta como os gatos geralmente aprendem.

Experiência passada e instinto

Gatos aprendem lembrando de coisas que vivenciaram (pp. 20-21) e por instinto. A experiência os ensina a pular na maçaneta para abrir a porta ou a entrar em casa batendo na argola de metal ou no sino da porta que faz você vir correndo. A verdade é que os gatos também treinam seus donos.

Habilidades como caçar são aprendidas sobretudo com a mãe e, embora não sejam instintivas, podem sofrer influência de alguns fatores genéticos herdados de antepassados selvagens. Uma boa caçadora geralmente produz filhotes com essa qualidade, ao passo que os filhotes de gatas não caçadoras e sem irmãos de ninhada nunca dominam técnicas de caça.

Início

Os primeiros dois meses de vida são cruciais para o desenvolvimento do aprendizado e das habilidades sociais do animal. Nesse período os gatinhos criam vínculos com seus semelhantes, treinam imitando as ações alheias e começam a interagir com as pessoas. Até você começar a treiná-lo, o gatinho se concentrará em aprender apenas coisas úteis para seu cotidiano, como conseguir comida, demarcar território para notificar os outros, achar um lugar ideal na casa para cochilar e assim por diante.

Aprendizado divertido

Gatinhos adoram brincar. Além de diversão, as brincadeiras envolvem outros aspectos importantes no processo de aprendizagem. Elas desenvolvem o conhecimento do mundo ao redor e das leis físicas que o regem. Brincando, o gatinho aprende a distinguir uma presa, a velocidade necessária para persegui-la, o melhor ângulo para o bote, o impulso que as pernas traseiras devem dar para saltar e pousar sobre um objeto a uma certa distância e várias outras habilidades úteis no decorrer da sua vida.

O treinamento inicial deve ser um processo bem lúdico e, enquanto ele aprende, vocês dois vão se divertir muito.

técnicas de adestramento

Princípios básicos do treinamento

Muita gente acha impossível treinar gatos. Ao contrário do que ocorre com os cães, não há gatos atuando na polícia, raças velozes como os galgos, bichanos puxando trenós ou pastoreando ovelhas; mas esses animais inteligentes podem e devem ser treinados.

Gatos ou cães

De temperamento bem mais independente do que os cães, os gatos não têm o menor interesse em fazer algo só para ouvir elogios das pessoas. Individualistas, os bichanos querem recompensas materiais em troca de aprender alguma coisa. Isso significa "comida". Não estou recomendando que você deixe de alimentar o animal até ele aprender bem uma determinada coisa, e sim que utilize guloseimas adequadas além das meras porções da ração habitual. Para mantê--lo motivado, tenha um estoque de petiscos especiais para gatos, desde biscoitinhos de salmão até iscas de peixe desidratadas. Alguns gatinhos podem não ser muito comilões. Se o seu for assim, experimente recompensá-lo com brinquedos e brincadeiras conjuntas.

Aprendizado inicial

O treinamento deve começar assim que o gato bebê chegar em casa. Acostume-o com rotinas fixas no cotidiano e tente alimentá-lo, limpá-lo e fazer sessões de treinamento em horários diurnos regulares.

Ao iniciar o treinamento, lembre-se de que o método adotado depende muito da personalidade do animal. De início, sua meta é acostumar o gatinho a brincar com você e a interagir com as pessoas: tudo deve ser muito divertido. A reação de um animal tímido ao treinamento difere daquela manifestada por outro mais sociável e você deve interromper a sessão imediatamente se notar que o gato está estressado ou sentindo algum desconforto. Não esqueça que o treinamento e as brincadeiras devem ser sempre uma experiência agradável para ambos.

Parte do treinamento será "positiva"; por exemplo, aprender a usar a caixinha de areia e a portinhola basculante e a identificar seu próprio nome. Outra parte será "negativa": convencê-lo a não subir nas cortinas e a não arranhar as cadeiras e o sofá.

Depois que o gatinho dominar as lições básicas, ensine-o a fazer coisas simples, como pedir.

O mais importante em todo o processo de treinamento é ter paciência ilimitada. Assim eu garanto que você terá bons resultados.

controle das necessidades fisiológicas

Dentro e fora de casa

Todos os gatos são naturalmente asseados, mas se você morar em casa é fundamental que eles tenham acesso ao lado externo através de uma portinhola basculante, assim como à caixinha de areia dentro da casa.

Início

Assim que o gatinho completar três ou quatro semanas e estiver começando a ingerir alimentos sólidos, comece a treiná-lo para controlar as necessidades fisiológicas. A maioria dos gatos bebês aprende isso sem dificuldade, pois normalmente já viu a mãe usando a caixinha de areia. É fácil perceber quando ele quer urinar, pois se agacha, geralmente ergue a cauda e olha para a frente com um ar preocupado. Ao ver essa cena, pegue-o de maneira firme e leve-o ao local correto.

Se ele for desobediente e fizer sujeira no tapete, jamais esfregue o focinho dele por cima. Isso seria uma injustiça, pois nem sempre o animal associa a punição com o ato inadequado. Limpe bem a área suja com desinfetante (evite amoníaco) para remover odores e manchas. Assim como em outras circunstâncias, nunca bata no gato se ele urinar ou defecar no lugar errado.

Nos primeiros dias após a chegada do animal em casa, coloque-o na caixa de areia em intervalos regulares. Em pouco tempo ele captará a ideia.

Usando a liteira (caixa de areia)

Você pode comprar liteiras com tampa ou proteção lateral, que são mais do agrado de muitos gatos, sobretudo os mais ariscos. A tampa também diminui a disseminação de odores desagradáveis, e a proteção lateral evita que os dejetos e os grãos de areia respinguem no chão.

Forre a liteira com jornal ou um tapete de plástico higiênico e coloque uma camada de cerca de 4 cm de areia. Granulados sanitários de madeira, de cristais de sílica ou de origem vegetal biodegradáveis são os melhores. Muitos gatos ariscos ou inseguros ficam mais felizes com esses cuidados.

Deixe a liteira em lugar de fácil acesso e evite mudá-la para não deixar o animal confuso.

Limpe-a ao menos duas vezes ao dia e desinfete-a uma vez por semana com algum desinfetante doméstico que não contenha fenol ou coltar, substâncias tóxicas para gatos que podem ser absorvidas pela pele.

Para saber o que fazer quando um gato de comportamento impecável começa inexplicavelmente a urinar e a defecar pela casa, veja as pp. 116-117.

LITEIRAS

Gatos que vivem permanentemente dentro de casa ou que ficam confinados por longos períodos de dia ou à noite devem ter acesso fácil a liteiras.

o mundo exterior

Saindo pela primeira vez

É melhor manter o gatinho o tempo todo dentro de casa por dois ou três dias após sua chegada. A seguir, você pode começar a treiná-lo para que se acostume com o mundo mais amplo a seu redor.

Primeiros passos

Se o clima estiver razoável e sem chuva, você pode deixar o gatinho ir ao jardim ou ao quintal sob seu olhar atento. Antes dessa primeira saída, verifique se há riscos potenciais para ele – por exemplo, produtos químicos tóxicos como pesticidas e ferramentas pontiagudas de jardinagem – e, se possível, pregue telas, preferivelmente aquelas usadas para trepadeiras, em toda a extensão superior de muros e cercas a fim de inibir tentativas de fuga e um possível sumiço, que podem ocorrer antes de ele estar totalmente adaptado ao novo lar. Após o gato se habituar com a casa, essas defesas podem ser retiradas do jardim.

Algumas plantas tóxicas para gatos são citadas na p. 129. Embora seja pouco provável que o gatinho morda ou lamba essas espécies perigosas, esteja sempre alerta para prevenir possíveis intoxicações.

Acompanhe a primeira ida do gatinho ao jardim. É melhor dar essas saídas um pouco antes das refeições para que, no retorno à casa, ele tenha algo interessante à sua espera. Para reforçar ainda mais a percepção dele de que vale a pena voltar para dentro de casa, dê-lhe um ou dois petiscos especiais para gatos.

Todos os membros da família devem estar cientes de que certos produtos químicos, especialmente pesticidas e inseticidas contra formigas, são tóxicos para gatos e não podem ser usados dentro e fora da casa.

PISCINAS

Além de colocar telas na extensão superior das cercas, cubra a piscina com uma estrutura telada ou rodeie-a com uma cerca baixa. As piscinas são muito arriscadas, sobretudo quando o gatinho é pequeno, pois ele pode ficar curioso ao ver sua imagem refletida na água e cair, sem conseguir voltar à superfície.

a escolha do nome

Quem sou eu?

Você pode ficar na dúvida na hora de escolher entre tantos nomes graciosos para o seu gatinho bebê, mas é fundamental que ele seja treinado o quanto antes para reconhecer seu próprio nome.

À procura de um nome

Seja um nome curto ou longo, o importante é escolher um de fácil pronúncia e que soe com clareza. Apelidos de apenas uma sílaba são mais práticos, mas os de duas ou três sílabas também funcionam bem. Às vezes, um nome longo pode virar curto se você der um apelido. Gatos com pedigree volta e meia têm nomes duplos pomposos e precisam ganhar um que seja mais simples e fácil. Livros e revistas podem lhe dar algumas ideias. O importante é não deixar o gato sem um nome.

Primeiramente o básico

Fazer o gatinho reconhecer o próprio nome é um treinamento muito simples, que a maioria dos donos faz automaticamente.

Você deve falar o nome do gato com frequência, principalmente na hora de alimentá-lo e recompensá-lo. Faça isso também durante as brincadeiras e as sessões de higiene. O tom da sua voz não é importante; o que interessa é o uso constante do nome. Em breve o animal erguerá as orelhas e olhará para você quando ouvir a palavra. E, mesmo antes de passar para o próximo treinamento, o comando "venha cá", ele também irá em sua direção – a menos, é claro, que esteja ocupado com algo muito importante como farejar um odor intrigante ou comer.

Saber o próprio nome e responder a ele é bem mais do que uma conveniência divertida para o dono. Muitos gatos em apuros, como presos em um buraco ou no armário, são resgatados porque miam desesperadamente ao ouvir o dono chamando seu nome.

reforço positivo

Treinamento por recompensa

Assim como os cães e os golfinhos, os gatos são treinados mediante o chamado "reforço positivo". No caso dos golfinhos, isso tem a forma de peixes, mas os bichanos respondem melhor a estímulos alimentares.

Sinais associativos

O reforço positivo significa dar uma recompensa alimentar quando o gatinho faz corretamente aquilo que você pede. Ao mesmo tempo, você mostra sua satisfação dando alguma espécie de sinal que desperte associações, ou seja, o chamado sinal associativo. Geralmente esse sinal é um som ou uma palavra que fará a mente do animal associar a ação com a recompensa.

Ensine o gato a fazer alguma coisa e, quando a tarefa for cumprida com êxito, dê imediatamente o sinal associativo seguido da recompensa. Um erro comum no treinamento de animais é a lentidão do treinador para dar o sinal de: "Muito bem! Aqui está sua recompensa".

O sinal sonoro pode ser uma palavra ou, como muitos treinadores preferem, um estalido feito por um pequeno aparelho chamado clicker, mantido entre o dedo indicador e o polegar. Muito usados para treinar cães, esses aparelhos são vendidos em pet shops e pela internet, incluindo modelos menores, especiais para gatos. Como em todo treinamento, observe atentamente o bichano e, caso ele pareça incomodado, interrompa os exercícios imediatamente. Como gatos têm ouvidos muito sensíveis, o estalido do clicker pode assustá-lo. Nesse caso, tente uma tática diferente.

Com duração máxima de cinco minutos, as sessões de treinamento devem ser realizadas até três vezes por dia, em um lugar calmo sem outras pessoas ou animais por perto. Elas funcionam melhor se o gato estiver com fome, então tenha sempre um pouco de ração à mão.

Lembre-se de que o gato só faz o que quer. Nenhum treinamento dará resultado se ele não colaborar.

1 Sem motivo aparente, dê um estalido com o clicker, seguido da recompensa. Repita muitas vezes para que seu gato crie uma associação entre o estalido e a recompensa.

2 Atraia o bichano em sua direção com um biscoito especial para gatos e dê algum comando verbal como "venha". Se ele obedecer, dê o estalido e a recompensa. Tente isso algumas vezes. O gato passará gradualmente a associar o comando com o sinal e a recompensa.

3 Agora elimine a isca alimentar e tente de novo apenas com o comando verbal. Mesmo que o gato só obedeça parcialmente, dê o estalido e a recompensa. Isso o estimula a agir da maneira correta. Por fim, ele entenderá o que o comando significa.

a portinhola basculante

Idas e vindas rotineiras

Portinholas basculantes são um recurso excelente. Além de liberar o bichano para sair de casa, elas também permitem que você controle suas idas e vindas, assim como as visitas indesejadas de gatos estranhos.

Usando a portinhola basculante

O gatinho tem de ser treinado para usar a portinhola basculante. Ao vê-la pela primeira vez, ele não saberá instintivamente como usá-la. Você só precisará de um pouco de tempo e paciência para ensiná-lo.

A meta é fazer o gato entender que a portinhola lhe dá a chance de explorar o mundo exterior e voltar para o conforto do lar, onde encontra ração, segurança e atenção humana. Para isso, é importante você ter alimentos, brinquedos e uma atitude festiva sempre disponíveis quando ele entrar em casa durante o período de treinamento.

Não pegue o gatinho e empurre-o pela portinhola. Gatos não gostam desse tipo de manejo. Em vez disso, use um prego ou um pedaço de fita adesiva para manter a portinhola aberta, a fim de que o bichano veja o buraco e o que há além e sinta vontade de passar pelo orifício.

No primeiro estágio, estimule o gato mais a passar pela abertura do que a sair. Para aumentar seu interesse, deixe um pouco da ração ou os brinquedos favoritos à espera dele do lado de dentro. A seguir, abaixe gradualmente a portinhola para que ele tenha de empurrá-la com a cabeça ou as patas e abri-la.

Dependendo do gato, isso pode levar um tempo considerável, mas sempre dá certo e, em geral, em menos de uma semana. Basta você ser paciente durante o processo de aprendizagem.

saindo para caminhar

Gatos na coleira, por que não?

Embora possa parecer incomum, sim, é possível treinar certas raças. Apesar de serem altamente independentes e prezarem a liberdade, alguns aceitam caminhar com o dono, controlados por uma coleira.

Certas raças aceitam melhor o uso da coleira. Gatos persas tendem a não gostar da ideia, mas o russian blue em especial e muitos siameses e burmeses aceitam caminhar presos com uma guia.

Primeiros passos

O ideal é começar a treinar o gato ainda bebê para usar coleira. A guia não deve estar ligada à coleira do animal, mas a um arreio peitoral. Primeiro acostume o gatinho ao contato com o arreio colocando-o nele por períodos curtos dentro de casa, mas não prenda a guia nem tente guiá-lo para qualquer lugar nesse estágio. Não o apresse, pois paciência é fundamental em qualquer treinamento.

Depois que o gatinho se familiarizar com o arreio e não mais tentar se livrar dele com a pata, você pode prender a guia. Use uma guia leve e fina, especial para gatos e cães de pequeno porte. Guias de couro duro ou apertadas só são recomendadas para quem precisa controlar cães grandes e agitados.

Agora deixe o gato andar pela casa arrastando a guia. Fique atento para ele não se enroscar nos móveis ou se sentir coibido. Aumente gradualmente o tempo de uso da guia.

Quando o gato deixar de se importar em rebocar a guia quase o dia inteiro, comece a segurá-la durante caminhadas curtas ao redor de casa e depois no jardim. Evite dar puxões abruptos e jamais arraste o gato. Com o passar do tempo, ele entenderá a ideia e passará a gostar dessas caminhadas em sua companhia. Não insista se o animal ficar aflito com o treinamento da guia ou tiver medo de ficar fora de casa sem saber o que pode vir a acontecer.

Longe de casa

Caminhadas longas, na mesma rua ou no campo, são muito diferentes. A aparição repentina de um cão barulhento ou de um gato estranho pode ocasionar machucados. Se necessário, pegue rapidamente o bichano nos braços. Passeios no parque geralmente são viáveis, pois você pode levar a caixa de transporte para escondê-lo em caso de emergência. Se ele tiver a sorte de acompanhá-lo em uma viagem curta, a guia pode ajudá-lo a explorar o novo ambiente, ao mesmo tempo que lhe possibilita manter o controle e prevenir sumiços indesejados em território desconhecido, especialmente ao ar livre.

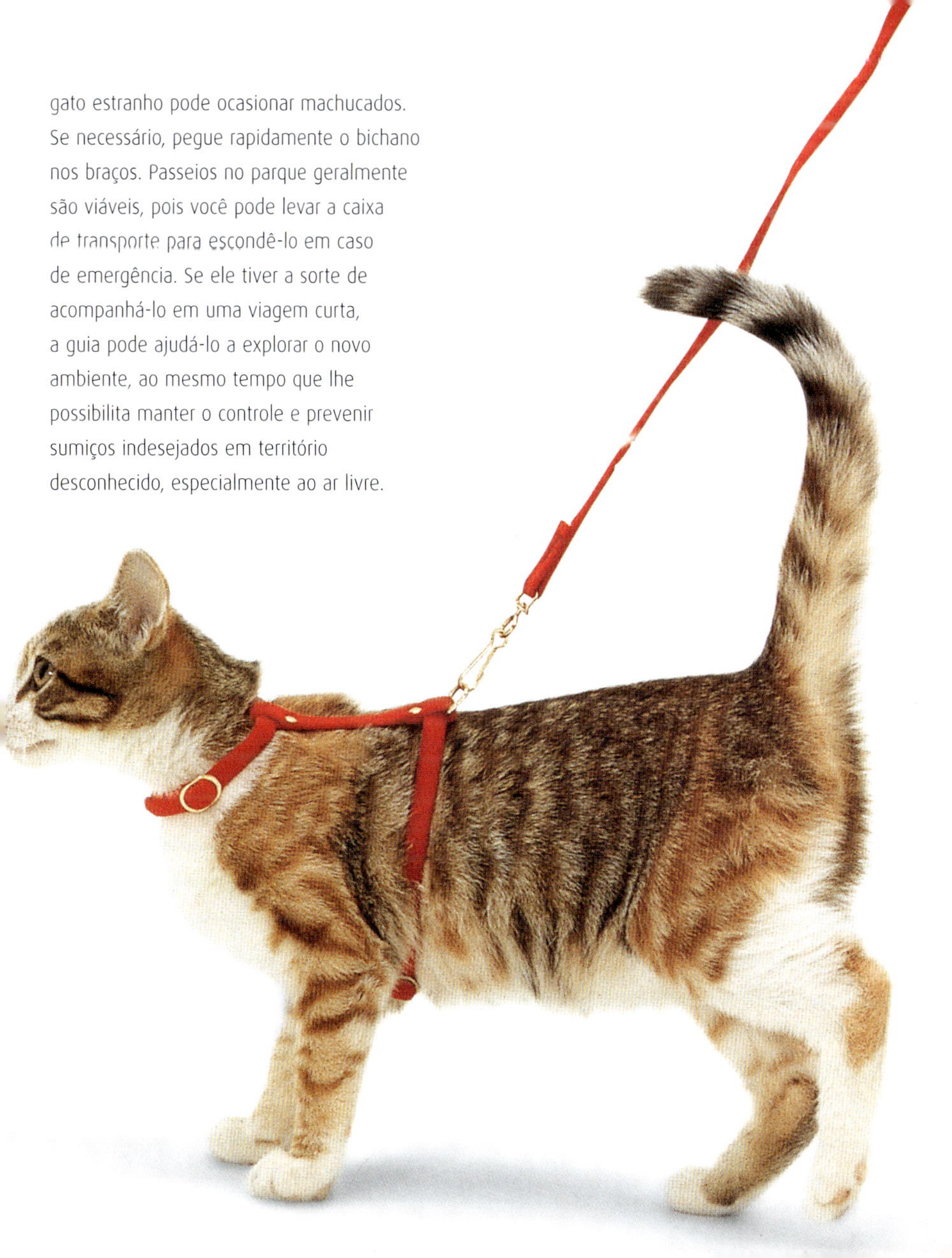

pare, gatinho, pare

Quando é preciso detê-lo

Às vezes é necessário deter o gato imediatamente antes que ele tenha contato com alguma coisa, como uma poça de produto de limpeza na garagem ou o peixe que você acabou de preparar para o jantar.

Este truque – ou adestramento – é um dos mais fáceis de ensinar. Além do animal, você só precisa de um lugar calmo com uma mesa, uma cadeira e um bom suprimento de ração. É melhor fazer as sessões de treinamento antes das refeições, quando o gatinho provavelmente estará com fome.

Essas sessões devem ser realizadas duas ou três vezes por dia e durar no máximo quatro ou cinco minutos. Por fim, chegará o momento em que a recompensa não será mais necessária e o gato responderá apenas à palavra que você disser.

Então você poderá treinar da mesma maneira o adestramento "sente-se". Ponha o gato sobre a mesa, empurre suavemente seu traseiro para baixo se ele não se sentar automaticamente, diga a palavra "sssssente" com um "s" sibilante e depois o nome dele. Recompense-o no momento certo (veja o passo 2, ao lado).

TREINAMENTO SEM CRUELDADE

Tenha sempre em mente que os gatos só podem ser treinados com gentileza, sem qualquer forma de coerção. Reforce o bom comportamento do animal com biscoitos especiais para gatos e muitos elogios.

1 Ponha o gato sobre a mesa e sente--se, mantendo a cabeça na mesma altura que a dele. Não o encare diretamente nos olhos, pois ele considera essa atitude ameaçadora; pisque lentamente para deixá-lo tranquilo. O gato vai levantar ou se sentar olhando para você, depois vai perder o interesse, dar as costas e começar a se afastar.

2 Diga imediatamente o nome dele, seguido de "pare". Coloque a palma de sua mão aberta a cerca de 30 cm da face dele. Diga "pare" pausadamente e não emita qualquer som sibilante para não assustá-lo.

3 Se o gato parar prontamente, diga "muito bem" seguido do nome dele e ofereça um biscoito especial para gatos como recompensa. Repita o processo.

venha, gatinho, venha

Você chama e, às vezes, ele vem

Depois que o gato assimilar o comando "pare", treine o "venha". Esse adestramento permite que o animal entre em casa quando necessário, mas também é útil em seu relacionamento com um bichano que não costuma sair.

Depois de aprender que obedecer ao comando lhe rende uma recompensa alimentar, o gatinho estará afiado para aprender outras variações. Desta vez a mesa e a cadeira são dispensáveis e você só precisa de um lugar calmo e biscoitos especiais para gatos.

As sessões de treinamento devem durar no máximo cinco minutos e ocorrer duas ou três vezes por dia. Observe as reações do animal para ter certeza de que o treinamento continua divertido. Encerre cada sessão com muitos elogios e atenções.

Se o gato gosta de sair, é uma boa ideia reforçar sua resposta ao comando "venha" deixando-o sair de casa meia hora antes da refeição e depois chamá-lo para se alimentar. Assim que ele entrar pela portinhola basculante ou pela porta aberta, a ração já deve estar disponível e você deve elogiá-lo bastante. Se não for a hora da refeição, chame-o de vez em quando para comer um petisquinho para gatos.

PACIÊNCIA

Ao treinar o gato, jamais se exalte ou deixe o mau humor transparecer em seu tom de voz. Nunca repreenda o animal, mantenha sempre a calma.

1 Ponha o gato no chão, diga o comando "pare" com voz calma e, quando ele estiver sentado ou deitado pacificamente, afaste-se dele cerca de 2 m e pare.

2 Espere alguns segundos, depois diga alegremente "venha" e o nome do gato.

3 Se ele obedecer satisfatoriamente, recompense-o com um petisco especial para gatos, elogios entusiasmados e afagos. Repita o processo, mas desta vez espere um pouco mais antes de dar o comando "venha".

pedindo para agradar

Um comportamento mais cativante

Depois que o gatinho aprendeu bem os comandos "pare" e "sente--se", você pode treiná-lo para pedir algo, um dos adestramentos mais cativantes. Daí em diante, sempre que você der um petisco, ele deve ter essa postura educada.

Você pode treinar qualquer tipo de gato para lhe pedir algo, mas geralmente as raças de pelo curto aprendem mais rápido. Você ficará encantado quando o gato assumir o comportamento "pedinte" sem ser orientado por você.

Faça as sessões de treinamento em lugares diferentes da casa e também no quintal, se o clima estiver bom. Em breve o gato fará a postura "pedinte" mediante o seu comando, mas não faça isso com frequência caso ele fique confuso sobre o que deve pedir. Afinal de contas, os gatos insistem em saber a razão das coisas.

Deixe claro que há um pouco de ração gostosa por perto e faça ele se sentar mediante os comandos "sente-se" e "pare". Ensinar esse truque pode estimular o animal a pedir sempre que houver algo comestível por perto, portanto vale a pena também treiná-lo utilizando um brinquedo. Em geral, brinquedos forrados com a erva-do-gato são muito eficazes.

TREINO COM RECOMPENSA

Apesar de sua natureza independente, muitos gatos podem ser treinados com a promessa de uma recompensa gostosa. Lembre-se sempre de que o resultado positivo do treinamento depende do temperamento do animal.

1 Coloque um pouco de ração gostosa ou um petisco próprio para gatos em um prato ou na mão, enquanto o gatinho examina e fareja o alimento com ansiedade.

2 Erga o alimento diante e acima da cabeça do gato até que fique fora do alcance de sua boca e ele estique bem o pescoço. Ao mesmo tempo, diga "peça" e o nome dele. Tenha cuidado para não frustrar o bichano. Se perceber qualquer desconforto, interrompa o treinamento.

3 Depois o gato tentará alcançar o alimento com as patas. Quando conseguir, elogie dizendo "muito bem" seguido do nome dele e dê o alimento. Se ele usar só uma pata, abaixe um pouco para estimulá-lo a usar ambas as patas. Repita o processo várias vezes durante duas ou três sessões diárias de no máximo cinco minutos.

mau comportamento

cartões de visita indesejados

Demarcação equivocada

Gatos soltam jatos de urina e excrementos para demarcar o território. Isso pode ser aceitável fora de casa, embora seus vizinhos não fiquem muito contentes em ter o gramado carimbado dessa maneira. Mas por que o gato começa a sujar sua casa e até sua cadeira favorita?

Identificando a causa

Às vezes é difícil identificar a causa desse comportamento, mas é possível que o gato esteja inseguro, estressado ou tentando chamar a atenção por algum motivo. Talvez seja por causa da chegada de outro bichano, de um bebê ou da invasão de um gato da vizinhança pela portinhola basculante. Em uma casa com muitos gatos, esse comportamento pode estar relacionado à competição entre os machos e às tentativas de enfatizar um certo status. Basicamente, a questão territorial influencia muito.

No momento em que descobrir a raiz do problema, você poderá tomar as medidas apropriadas para combater esse mau comportamento. No entanto, nunca recorra a qualquer tipo de punição, pois provavelmente isso só reforçaria o estresse e a ansiedade do animal.

Corrigindo o problema

Depois de impregnar a casa com o odor, o gato será atraído para os mesmos lugares sempre, a fim de demarcá-los. Você deve limpar minuciosamente o local com água quente e um detergente biodegradável. Após secar, esfregue bem com álcool. Não use produtos que contenham cloro ou amoníaco, pois essas substâncias químicas ocorrem naturalmente na urina dos gatos e seu uso pode confundir ou até reforçar a atitude do animal.

Depois de limpar meticulosamente a área suja, reforce o senso de território do gato reposicionando seus recipientes de ração, os brinquedos favoritos e a caminha ao redor dessa área. Outra medida é esfregar um pedaço de pano na face do bichano para ficar com um pouco do odor dele e esfregar esse pano nos lugares demarcados. Isso ajudará o gato a compreender que, como é dono desse território, não precisa demarcá-lo novamente.

sujeira dentro de casa

O que há de errado com a caixinha de areia?

Gatos são animais muito limpos e requintados. Às vezes, porém, podem urinar ou defecar dentro de casa, mesmo tendo um lugar apropriado à disposição.

Treinamento caseiro

A rejeição do gatinho à caixa de areia independe das demarcações territoriais que o levam à urinar em locais proibidos (pp. 118-119). Talvez ele não esteja totalmente treinado para se comportar bem em casa ou ainda não esteja completamente seguro para sair usando a portinhola basculante. Na falta de uma portinhola, o gato não tem como lhe avisar que precisa sair.

Alguns bichanos que sempre saem para fazer as necessidades fisiológicas podem ignorar a caixa de areia e só se aliviarão dentro de casa se estiver chovendo muito ou se o gato macho briguento da redondeza estiver rondando seu jardim.

Mudando a caixa de areia

Muitas vezes o problema envolve a própria caixa para necessidades fisiológicas. Assim como muita gente, há gatos que não gostam de se aliviar em público. Portanto, coloque a caixa numa área isolada, distante da portinhola basculante, da entrada e do vão da escada. Liteiras com tampas (pp. 94-95) dão mais privacidade, além de reduzir o odor e a dispersão da sujeira produzida pelo gato, que costuma varrê-la com as patas.

Os gatos também não gostam de comer perto do banheiro e fazem questão de manter suas instalações gastronômicas e sanitárias bem separadas. Se os recipientes de água e ração estiverem próximos à liteira – o que acontece com frequência –, o animal pode se recusar a fazer as necessidades fisiológicas no lugar determinado.

O tipo de liteira também é importante. Gatos gostam de se aliviar sobre uma base macia, na qual seja agradável se agachar. Liteiras revestidas com resíduos de madeira ou de papel são desagradáveis para apoiar as delicadas "almofadas" de suas patas, especialmente depois que tais resíduos estão sujos. Eles demonstram a desaprovação a essas liteiras optando por um lugar bem mais macio, como seu tapete. Experimente diferentes tipos de liteira até achar uma de que ele goste.

sujeira inapropriada

A lista de verificação

O gato pode estar fazendo sujeira dentro de casa por achar que seu território está ameaçado e precisa reforçar seu domínio ou porque a liteira está em lugar inadequado e revestida com um material de que ele não gosta. Se seu bichano está dando esse tipo de trabalho, examine os pontos a seguir e implemente as medidas apropriadas.

- Você tem certeza de que se trata mesmo de um mau comportamento e não de um problema intestinal ou urinário? Se houver dúvida, marque logo uma consulta com o veterinário.
- Você identifica uma causa possível desses incidentes (p. 117) e consegue lidar com o problema apropriadamente?
- Trata-se de uma reação a algum tipo de ansiedade ou estresse que o gato vem

passando dentro ou fora de casa? Há disputas territoriais com gatos da vizinhança intrometidos ou com outros animais que vivem na sua casa? Se identificar uma causa possível, tente eliminá-la, mas não puna o gato.

- Alguém da família perturbou o gato recentemente? Adultos recém-chegados, principalmente pessoas que antipatizam com felinos, e crianças pequenas às vezes perturbam ou assustam os animais da casa.
- Houve alguma mudança recente na liteira (pp. 116-117)? Você a limpa regularmente? Você colocou um novo tipo de revestimento?
- As áreas que o gato sujou foram limpas e desodorizadas adequadamente (p. 114)?
- Se sua casa tem vários gatos, cada um dispõe de uma liteira própria? Geralmente os bichanos preferem ter uma liteira "pessoal", de uso exclusivo. Mantenha-as em áreas separadas.
- Por alguma negligência, o gato teve o acesso à liteira negado ou a portinhola basculante emperrou?
- O gato engordou a ponto de não passar tão facilmente pela entrada da liteira com tampa? Se um bichano roliço está tendo essa dificuldade, você deve ampliar a entrada da tampa ou investir em uma liteira maior. Também é aconselhável o animal iniciar uma dieta, alimentando-se de ração diet.

garras de fora

O bichano dilacera os móveis

Gatos costumam arranhar coisas nos lugares mais impróprios da casa como um meio de demarcar o território (pp. 74-75). Mas também é comum fazerem isso pelo simples prazer de sentir a textura da superfície em que exercitam suas garras.

Fora o sofá e a poltrona, o gato provavelmente elegerá o papel de parede em relevo como arranhador.

Arranhadores

Como dar fim a esse tipo de comportamento? Muito úteis, os arranhadores – em forma de cone revestido de carpete, uma pirâmide de tecido grosso ou um bloco de papel enrrugado comprimido – estão à venda nos pet shops. Mas você mesmo pode fazer um arranhador embrulhando um pau com um tecido grosso e áspero e impregnando-o com extrato de erva-do-gato. Coloque os arranhadores em lugares onde seu gatinho possa se sentir vulnerável, por exemplo, junto a portas ou passagens para o lado externo da casa.

PERTENCES ENCAPADOS

Certas pessoas colocam capas nos sofás e cadeiras felpudas para não correrem o risco de estragá-los. As capas impedem que o animal demarque o território com seus arranhões e "afofamentos" no local. Você também pode comprar móveis de couro ou outro material liso para impedir essa prática felina.

O gatinho tem de ser treinado e estimulado para usá-los. Assim que você perceber que o gato está planejando arranhar um móvel seu, agarre-o e leve-o ao arranhador dele. Quando ele arranhar lá, dê um sinal de recompensa, como o estalido do clicker ou o som de um sininho que o gato associe com um alimento saboroso (pp. 100-101), e depois o elogie. Inicie esse treinamento o quanto antes. Casas com vários gatos precisam de diversos arranhadores.

Embora feita pelo veterinário e com o uso de anestesia, a remoção cirúrgica das garras do gato é uma maneira radical de lidar com o problema. Esse tipo de mutilação é ilegal em alguns países, a exemplo da Grã-Bretanha e da Austrália.

higiene em excesso

Limpo ou limpo demais?

Gatos apreciam ter alguém cuidando de sua higiene, portanto ficarão felizes se você se encarregar disso. Obviamente eles também se ocupam da tarefa sozinhos e, em uma casa com vários gatos, eles costumam se limpar mutuamente. A higiene excessiva, porém, pode se tornar um problema.

Higiene descontrolada

Muito importante na vida felina, a higiene mantém a pelagem em boas condições, reduz o estresse ao estimular a liberação de endorfinas calmantes no organismo e consolida a relação com as pessoas e com outros gatos.

Porém, ela vira um problema quando o gatinho não faz mais nada além disso, exceto comer e dormir. Limpar-se de modo incessante pode remover grandes áreas da pelagem, causando calvície e inflamação cutânea. O gato fica com uma aparência terrível. A ingestão de grandes quantidades de pelo, especialmente em gatos de pelo longo, leva à formação das famosas bolas de pelo no estômago, muito comuns. Esse acúmulo em excesso acaba obstruindo o sistema digestivo, levando à necessidade de uma cirurgia.

Causas e tratamentos

Se o gato começar a ficar obcecado com a higiene devido a algum tipo de irritação cutânea, peça logo orientação ao veterinário.

Se nenhuma doença cutânea for diagnosticada, é provável que o animal esteja sofrendo de estresse ou ansiedade por algum motivo (a chegada de outro animal, de um bebê, o cão barulhento do vizinho etc.). Tente identificar a origem do problema e eliminá-la.

Se suspeitar que seu gatinho está se limpando demais, leve-o ao veterinário. Dependendo do diagnóstico, ele pode recomendar exames específicos que detectam distúrbios de comportamento.

Faça também algumas mudanças no estilo de vida do bichano para que ele fique mais tempo sossegado: prepare uma caminha confortável dentro ou no alto de um armário e cerque-o de atenção e carinho.

Se ele tiver pelo longo, cuide da pelagem escovando-a com frequência para eliminar pelos soltos, e evite que o gatinho engula e forme bolas de pelo.

os perigos do tédio

O gato solitário

Embora alguns animais não se importem em passar muitas horas sozinhos, outros se ressentem, demonstrando a revolta com arranhões, urinando e defecando na casa ou ainda assumindo uma atitude antipática quando você retorna.

O dia todo fora

Se todos da casa passam o dia fora, o gatinho pode se entediar de ficar tanto tempo sozinho, mostrando-se deprimido, menos ativo e brincalhão do que de costume ou perdendo o apetite. Ele também pode exigir mais atenção miando sem parar e talvez uivando de indignação.

Como lidar com isso sem prejudicar seu emprego? Experimente providenciar estruturas de escalada, caixas de papelão e brinquedos variados para manter o gatinho entretido. Atualmente há uma imensa variedade de brinquedos criativos à venda. Veja também a possibilidade de adotar outro gato para fazer companhia ao seu solitário bichano. Gatos adoram brincar e interagir uns com os outros.

Terapia felina

Você também pode adotar uma abordagem psicológica para enfrentar o problema. Ao chegar em casa, brinque uns 15 minutos com o gato e ignore-o na meia hora seguinte. Se ele pular no seu colo, coloque-o no chão sem dizer uma palavra. Após essa meia hora, retome seu comportamento normal e interaja com ele. Esse treinamento pode levar uma ou duas semanas, e o gato vai implorar cada vez mais sua atenção, mas certamente acabará entendendo que há ocasiões em que vocês dois se divertem juntos e outras em que cada um precisa de liberdade para cuidar das próprias coisas.

apetites estranhos

O gosto por coisas bizarras

Às vezes o bichano morde e engole coisas que obviamente não devem ser ingeridas por gatos nem pessoas. Esse comportamento arriscado requer sérias medidas de prevenção.

Hábitos alimentares

Entre as coisas estranhas que os gatos podem comer estão objetos de plástico, de borracha ou papel, porém a "iguaria" mais bizarra costuma ser lã. Gatos que gostam de tecidos podem vir só a mastigá-los, mas fique de olho, pois eles costumam sim engolir coisas estranhas.

Esse comportamento pode acarretar problemas intestinais, e dos objetos ingeridos o mais perigoso é a lã. Antigamente, comer lã era uma prática exclusiva dos siameses, mas atualmente todos os gatos (de raça ou não, domésticos ou selvagens) podem fazer isso. Certa vez um burmese engoliu um novelo de lã; uma ponta do novelo ainda era visível em sua boca e a outra estava saindo pelo traseiro.

Por que isso acontece?

Esse péssimo hábito costuma surgir quando o gatinho ainda é filhote, entre dois e quatro meses, época em que o desmame é recente. As causas podem incluir fatores genéticos, mas o velho vilão do estresse, principalmente por mudar de lar, muitas vezes é a razão principal. Frustração e tédio (pp. 124-125) são outros fatores de peso nesse quadro.

Atacando o problema

Como sempre, não deve haver punição. Deixar materiais inadequados fora do alcance do gato é uma medida sensata, porém difícil de implementar em uma casa bagunçada. Veja o que você pode fazer:

- Borrife o material inadequado com aerossóis repelentes de uso veterinário.
- Torne as refeições do gato mais divertidas – esconda porções de ração em pontos diferentes da casa ou dê um petisco próprio para gatos que exija bastante mastigação.
- Providencie vários brinquedos que estimulem as habilidades inatas de caçar presas.

Para saber como lidar com gatos que gostam de comer plantas, veja as pp. 128-129.

hábitos herbívoros

Felinos que apreciam flores

Não importa quão sejam bem alimentados, alguns gatos têm certas preferências vegetarianas e adoram mordiscar plantas. Isso pode ser benéfico, mas fique ciente de que algumas plantas são venenosas para os bichanos.

O gato mordisca certas plantas porque as folhas contêm propriedades eméticas que o ajudam a regurgitar bolas de pelo ou simplesmente porque ele gosta da textura. Você pode fazê-lo desistir de mordê-las dentro de casa borrifando-as com um aerossol repelente de uso veterinário. Como nem sempre é viável borrifar plantas externas, fique atento para que seu animal não morda ou lamba plantas venenosas, especialmente se ainda for bebê (pp. 96-97).

Horta doméstica

Se o gato não tiver acesso a um jardim externo, dê-lhe um vaso com grama cultivada. A erva-do-gato é uma grama específica para gatos que auxilia na eliminação das bolas de pelo acumuladas no estômago. Outras plantas seguras e apreciadas pelos bichanos são:

- Brotos (trigo, aveia)
- Morrião-dos-passarinhos
- Tussilagem (unha-de-cavalo)
- Gatária (erva-dos-gatos)
- Sálvia e capim-cidreira
- Tomilho

PLANTAS VENENOSAS

As seguintes plantas (internas ou externas) são venenosas. Impeça o gatinho de ter acesso a elas.

- **Caládio** (tajá, tinhorão)
- **Clematite**
- ***Dieffenbachia*** (comigo--ninguém-pode)
- ***Eupharbia pulcherrimo*** (poinsétia)
- ***Hedera*** (hera trepadeira)
- **Laburno**
- ***Lathyrus odoratus*** (ervilha-de-cheiro)
- **Visco**
- ***Nerium*** (oleandro)
- **Filodendro**
- ***Prunus laurocerosus*** (louro, louro-cereja)
- **Rododendros** e **azaleias**
- ***Solanum capiscastrum*** (erva-moura, cheiro-de--cavalo)

obesidade

Comer demais faz mal

Por alguma razão, às vezes os gatos começam a comer demais e acabam engordando. Assim como ocorre com os seres humanos, a obesidade está se tornando um problema crescente entre os bichanos.

Refeições fartas

É absolutamente natural que os gatos comam mais do que o normal após ter filhotes e durante a recuperação de uma doença debilitante, mas alguns comem demais sem motivo aparente. Isso é mais comum em animais sedentários e pode gerar doenças graves, como diabetes tipo 2.

Razões para comer demais

Alguns comilões sofrem de certos distúrbios, a exemplo de parasitismo, diabetes e doenças no pâncreas ou na tiroide. Spice, um gato macho amarelo-avermelhado com branco de Connecticut, pesava 19,54 kg. A raiz do problema era o mau funcionamento de sua glândula tiroide. Gatos glutões devem ser logo examinados por um veterinário para que, se necessário, façam o tratamento adequado.

Animais saudáveis também podem comer demais devido ao tédio, ao estresse ou ao tipo de alimentação. Proporcione o máximo de diversão a ele, com muitas brincadeiras e dando-lhe brinquedos novos. Caso identifique qualquer fonte de estresse no cotidiano do animal (pp. 116-117 e 124-125), tente eliminá-la ou, pelo menos, diminuí-la. Dê apenas duas refeições por dia e retire o recipiente se ele não comer toda a ração em cerca de 30 minutos. Evite também acostumá-lo com guloseimas e coisas gostosas.

Converse com o veterinário sobre a possibilidade de uma dieta com ração apropriada e estimule o gato a se exercitar por meio de brincadeiras.

abandono do lar

Quando o gato some

Para sua tristeza, o gato foi embora. Você nunca foi cruel com ele, o alimentava criteriosamente e adorava observá-lo dormindo na caminha ao lado do fogão. Como ele pôde abandoná-lo assim, de repente?

Não importa quão domesticado e sedentário seja o gato, seu instinto é selvagem e libertário, ele sempre será o senhor de seu próprio destino. A decisão de partir pode corresponder a algum dos seguintes motivos:

- Dificuldade de interagir socialmente com os gatos da vizinhança. Não é fácil resolver isso, mas você pode conversar com os outros donos e elaborar conjuntamente um cronograma determinando os horários em que cada gato pode sair.
- Perturbação com a chegada de um cão, de um outro gato ou de um bebê. Dê muita atenção e brinque bastante com o gato, pois ele mora na casa há mais tempo.
- Desejo de voltar para o antigo lar se a família mudou de endereço. Leve a caminha e os objetos usuais da casa antiga para a nova a fim de que o gato reconheça e se identifique com o cheiro. Mantenha-o trancado dentro de casa nas primeiras duas semanas após a mudança. Depois, deixe-o explorar um pouco o jardim e se exercitar antes das refeições.
- Cansaço com o excesso de paparico dos donos. Não afague demais o bichano, deixe-o lhe pedir atenção com liberdade.

Questão de proteção

Gatos se apegam bem mais ao lar do que aos donos. Portanto, há mais probabilidade de o seu bichano voltar para casa após se aventurar no mundo lá fora se puder contar com a sua proteção (ração, abrigo aconchegante e carinho). Se você tem medo de perdê-lo, coloque uma grade na casa e nas janelas e capriche nos requisitos para mantê-lo permanentemente dentro de casa.

castrado? eu não!

O macho continua à solta

Seu gato macho é castrado mas continua interessado quando uma gata da casa ou da vizinhança entra no cio? Embora seja surpreendente, isso pode ocorrer, sim!

Por que o macho castrado se daria o trabalho de cortejar uma fêmea até o ponto de cruzar? Embora os testículos sejam a principal fonte de testosterona, as glândulas suprarrenais também produzem esse hormônio sexual masculino em quantidade suficiente para o gato castrado se sentir muito macho, embora não possa emprenhar as gatas.

Por sua vez, a fêmea esterilizada não entra mais no cio, mas pode virar alvo de desejo de todos os machos da vizinhança. Ela pode se sentir tão assediada que relutará em sair de casa, pois sabe que é provável brigar com os machos. Uma explicação possível para seu charme duradouro é o odor residual dos hormônios femininos que o corpo ainda produz.

Para ajudar a fêmea em apuros, torne o jardim ou o quintal o mais seguro possível

contra invasões indesejadas. Erga treliças ou coloque telas nos muros e cercas. As treliças e telas devem ficar a uma altura boa para impedir a entrada de outros gatos. Manter a fêmea permanentemente dentro de casa deve ser o último recurso empregado.

Hipersexualidade

Certos gatos são extremamente interessados em sexo. Isso é frequente em machos não castrados e, segundo alguns especialistas, em animais privados da fase REM (quinto estágio do sono, caracterizado pelo movimento rápido dos olhos). Acredita-se que é durante essa fase que os gatos, assim como as pessoas, sonham.

A hipersexualidade em fêmeas, manifestada por períodos de cio prolongados e muito frequentes, é invariavelmente ligada a cistos nos ovários. A cirurgia de histerectomia cura esse problema (pp. 80-81). Sempre peça orientação ao veterinário sobre essas questões.

o gatinho enlouqueceu?

Momentos insanos

Você já viu isso? O gato está dormindo profundamente e, de repente, se levanta e corre vigorosamente, sem direção determinada...

Excesso de energia ou doença?

É muito divertido observar esse comportamento, principalmente ouvir um gatinho tão leve produzindo um ruído tão alto com as patas ao subir e descer a escada.

Algumas raças, como as de pelo longo e os birmans de patas grandes, têm passo muito pesado.

Por que sua bela bolinha de pelos explode repentinamente dessa maneira? Normalmente você acha que é por mera alegria de viver. Esse comportamento estranho, porém, pode indicar algum distúrbio cerebral, a exemplo de infecções (a pior é a hidrofobia), tumores, envenenamentos e desequilíbrios hormonais, embora felizmente isso seja raro.

Excitação motora

Você também pode se deparar com um fenômeno esquisito conhecido como excitação motora. A pele do gato começa a se crispar repentinamente, então ele salta e começa a correr sem rumo definido, conforme descrito acima. Às vezes ele parece ter alucinações, como se estivesse apavorado com alguma coisa que só ele consegue ver. Você jamais saberá. Estudos apontam que esse comportamento pode ter relação com

uma breve alteração na química cerebral, cujo efeito é semelhante ao de uma pessoa "viajando" graças ao ácido lisérgico. Mas não se preocupe, pois seu querido gatinho não está doente nem louco. Logo ele se acalma e retoma a conduta normal.

timidez

O medo inato dos felinos

Há várias razões para o gatinho ficar retraído e nervoso, mas em alguns casos, como acontece com certas pessoas, a timidez é algo que o animal tem de nascença.

Muitos gatinhos são ousados e extrovertidos. Outros, introvertidos e reservados por natureza, preferem se esconder a maior parte do tempo debaixo da cama ou em um local isolado. Eles nasceram assim e sob nenhuma circunstância devem ser punidos ou retirados à força do esconderijo para participarem do tumulto cotidiano. Coerção e repreensão estão descartadas na terapia do animal. Seja paciente e delicado.

Medicamentos alternativos

A medicina alternativa pode ajudar no combate à timidez. Para aliviar a ansiedade dos animais, alguns veterinários prescrevem homeopatia e fórmulas sem efeitos sedativos ou colaterais, seguras para todos os gatos. Há também sprays que se propagam no ambiente, que contêm substâncias sintéticas análogas aos feromônios calmantes presentes nas glândulas faciais dos gatos. De uso doméstico, eles podem reduzir o estresse e a ansiedade do gatinho, além de combater outros hábitos indesejáveis, como arranhar e urinar dentro de casa.

Não pressione

Independentemente de ter uma timidez inata ou adquirida, o gatinho precisa fazer as coisas em seu próprio ritmo. Quando ele aparecer para comer, não o aborde com excesso de entusiasmo nem seja insistente. Você deve ser paciente, falar com ele com calma e de maneira encorajadora, afagá-lo levemente e oferecer pequenas porções de ração. Pelo menos no início, é melhor apenas um membro da família alimentá-lo, até ele se sentir um pouco mais confiante com as outras pessoas.

quem vem aí?

Gatos xenofóbicos

Nos contatos iniciais com as pessoas, muitos gatos ficam desconfiados ou demonstram rejeição claramente. Essa reação negativa tem raízes na relação tensa entre pessoas e bichanos ao longo da história.

Falhas na socialização

A relação milenar entre gatos domesticados e seres humanos tem sido conturbada, com maus-tratos e até perseguição. A situação só melhorou há pouco tempo, embora ainda haja crueldades. Portanto, todos os gatos têm uma cautela instintiva transmitida por seus antepassados. Alguns são ainda mais sisudos devido a falhas de socialização no início da vida ou traumas.

O gato demonstra de várias maneiras seu temor a um estranho. Ele pode ficar muito aflito e miar queixosamente ou até atacar, caso se sinta ameaçado ou encurralado. Também pode se retrair fisicamente, evitando qualquer interação, e se esconder, ou ainda se retrair emocionalmente, refreando seu temor, o que pode desencadear problemas comportamentais, como a obsessão por higiene. Ajudar o gatinho a superar seus medos é de importância vital.

Como sempre, punição é inaceitável. Manejo delicado, elogios e recompensas alimentares são importantes, porém não em excesso. Tente tornar o mundo ao redor do gato mais atraente e seguro para os padrões felinos. Seja paciente

ao induzi-lo a interagir com as pessoas e o envolva em "sessões de treinamento com estranhos":

- Coloque o gato em um cesto que lhe seja familiar. Após algum tempo, faça entrar um "visitante" (representado por um membro da família que o animal conheça). A pessoa se senta, conversa com você, mas não chega perto do cesto. Repita o treinamento pelo menos em seis ocasiões, se possível diariamente.
- A seguir, faça a mesma coisa com um visitante "de verdade". Repita várias vezes.
- Depois, o visitante "de verdade" deve entrar no ambiente quando o gato estiver fora do cesto e aninhado calmamente em seus braços. Repita várias vezes.
- Nas ocasiões posteriores, o visitante deve se sentar cada vez mais perto de você e do gato. Por fim, o visitante deve começar a afagar o gato suavemente.

Esse processo, bem gradual, pode requerer muitas sessões ao longo de semanas ou meses, até o gato se sentir confiante com estranhos.

autoagressão

Pare de se morder

É muito preocupante notar que o gatinho não para de dar pequenas dentadas e machucar uma parte do próprio corpo, com frequência uma pata, a ponto de remover a pelagem e fazer a pele sangrar.

Obviamente, esse comportamento pode sinalizar a irritação causada por alguma doença cutânea, como sarna ou micose, que requer cuidado veterinário. Portanto, peça logo orientação a um profissional. Em alguns casos, porém, a autoagressão se deve a problemas psicológicos, como estresse.

O estresse é uma das principais causas nas compulsões por lamber-se excessivamente e na automutilação. Alguma coisa no ambiente ou na maneira como o animal é tratado provavelmente está influenciando esse mau comportamento.

Os problemas ligados à ansiedade e ao estresse devem ser identificados e sanados do cotidiano do gato. A seguir, tome medidas para combater as causas e descubra maneiras de deixar o animal mais confiante. Deixe-o aliviar o estresse de formas não prejudiciais a ele, como refugiar-se em uma prateleira alta ou em outro local elevado.

Caso não descubra um diagnóstico preciso, o veterinário pode recomendar um bom especialista em comportamento animal. Em alguns casos mais graves, o veterinário pode prescrever um tranquilizante como auxílio a curto prazo.

uivos noturnos

A vida boêmia dos gatos

Certas noites você tenta dormir, mas fica ouvindo gatos uivando nos telhados das redondezas. Essa gritaria noturna certamente não é o tipo de coisa de que seu gatinho, tão cercado de cuidados e mimos, gostaria de participar.

Há, porém, outro tipo de sinfonia felina: os uivos do seu gato dentro de casa. Essa gritaria noturna é bem diferente das outras "falas" do bichano. Gatos mais velhos têm maior propensão a fazer isso do que os mais jovens, embora eventualmente os bichanos comecem a uivar com apenas alguns meses de idade.

Atenção, por favor

Qual é a razão dessa gritaria? Resumidamente, trata-se de uma intimação endereçada a você. Seu gato está se sentindo um pouco sozinho e precisando de alguém que o tranquilize. Uma causa comum é a insegurança despertada por algum motivo, por exemplo, quando ele fica sozinho ou quando muda de endereço com o resto da família.

Infelizmente, o hábito de uivar à noite persiste por um bom tempo, mesmo depois de eliminada a causa da ansiedade, pois o

gato percebe que gritando sempre chama sua atenção. Mais uma vez, você caiu na armadilha... É óbvio: você pula da cama assim que é chamado, vai ao encontro do gato, fala com ele, faz uns carinhos e talvez até o pegue no colo. Quando você chega perto dele, vê que ele nunca está se contorcendo de dor ou de aflição. Na realidade, ele está sentado totalmente relaxado, esboçando uma espécie de sorriso sob os bigodes. Se você cair na armadilha, ele usará o mesmo truque na noite seguinte.

Noites em paz

Embora muitos donos tolerem esse tipo de comportamento em gatos idosos e vulneráveis, você deve tentar dissuadir o gatinho bebê de fazer isso. Procure endurecer o coração e ignorar a gritaria. Ou tente a "terapia da aversão", esguichando um borrifador com água na cara dele ou fazendo um barulho alto quando a gritaria começar. É preciso ter constância, noite após noite, no uso de qualquer abordagem escolhida. Mais cedo ou mais tarde a gritaria vai parar de vez.

Naturalmente, deixar o gato dormir com você é outro método eficaz que o deixará alegre, embora muitos donos desaprovem.

jardineiro de quatro patas

Bagunça no jardim

Alguns gatos têm paixão por hortas e jardins. Infelizmente, é comum eles praticarem as habilidades de caça por lá, bem onde você empregou tanto tempo e esforço, local de que tem tanto orgulho.

O gato pode demonstrar seu entusiasmo pelo jardim escavando as mudas que você plantou com tanto carinho. Isso não tem relação com o instinto de encobrir excrementos, a menos que ele faça as necessidades fisiológicas bem no lugar onde as mudas estão. Na maioria das vezes, porém, ele faz isso por mera diversão: vê você plantando e resolve escavar só pelo prazer de ver você plantando tudo de novo. Já imaginou brincadeira mais divertida?

Acabando com a bagunça

Eficaz é cercar as mudas com pedaços de casca de limão ou alguns grânulos repelentes de uso veterinário. Você também pode borrifar aerossóis repelentes diretamente nas mudas.

Outro obstáculo excelente é colocar uma tela de arame no solo cobrindo as mudas. As plantas crescerão através da tela, mas o gato odiará andar sobre ela. Quando o gatinho começar a arruinar o jardim, pegue um borrifador com água e molhe-o um pouco. Deixe espaço nos canteiros de ervas para algumas valerianas e ervas-do-gato. Essas duas plantas farão a alegria do animal e desviarão a atenção daquelas que você quer preservar.

medo

Combatendo a agorafobia

Embora não seja um caso comum, você pode descobrir que seu gatinho tem muito medo de ficar em espaços recém-descobertos dentro e fora de casa. O que houve com o tal caçador confiante e solitário sobre o qual falamos tanto?

Causas do medo

Se essa estranha agorafobia felina se manifestar dentro de casa e o animal relutar muito em se expor quando estiver em um cômodo qualquer, o problema talvez tenha origem nas primeiras semanas pós-parto, quando ainda não tinha recebido o treinamento de socialização vital por meio da atenção da mãe e das pessoas. Ou talvez haja algo fora da casa que o amedronta, como o cão do vizinho que vive latindo, a britadeira dos pedreiros na rua ou ainda o gato macho não castrado que se acha dono de todos os jardins da vizinhança.

Superando o medo

Você pode ajudar seu gato a superar o medo mantendo-o permanentemente dentro de casa, mas, se você tem um belo jardim, ele bem que adoraria desfrutá-lo.

A melhor solução é construir um cercado com tela de arame em todos os lados do jardim e com muitos esconderijos seguros, do tipo que criadores usam para fêmeas darem cria. Coloque o gatinho no cercado diariamente e aumente pouco a pouco o tempo de permanência. Ali mesmo, dê ração e brinque com ele, a fim de desenvolver sua percepção de que o cercado é um refúgio divertido. Por fim, o bichano pode sair do confinamento e desfrutar o jardim. Nesse estágio, fique espiando por uma janela para verificar se nenhum imprevisto vai assustar o animal.

O ideal é ter uma portinhola basculante para o jardim, pois se o bichano se sentir ameaçado, pode voltar para dentro de casa (pp. 102-103). Treinar um gato tímido para andar com uma guia (pp. 104-105) também o ajuda a perder o medo do mundo lá fora e a gostar de ficar ao ar livre.

brigas felinas

Momentos belicosos

É difícil acreditar que seu gatinho charmoso possa se envolver em algo tão vulgar como uma briga. Mas diferenças de opinião surgem nas melhores famílias e você precisa saber como socorrer o animal nesse momento complicado.

Disputas territoriais

Gatos não saem à procura de encrenca. Eles preferem evitar confrontos e, sabiamente, desenvolveram sistemas de comunicação (pp. 62-63) para transmitir a outros bichanos suas intenções e, em geral, o desejo de se abster de qualquer mal-entendido.

As rixas frequentemente acontecem por uma questão territorial, ainda mais quando envolvem gatos de uma mesma área. Quando as brigas passam a envolver muitos gatos, os donos acabam entrando na confusão e até se desentendendo seriamente.

Lidando com intrusos

Se você e seu bichano estão com esse problema, talvez não seja suficiente apenas usar as medidas dissuasivas contra os gatos de fora que invadem seu jardim ou entram na casa pela portinhola basculante. Uma boa lição é dar esguichadas de água nos invasores. Mas esses animais espertos logo percebem que é mais seguro fazer incursões ilícitas, quando você estiver fora de casa. Armadilhas como jatos de água ou alarmes sonoros ativados na ausência do dono são mais eficazes. Mas sempre tome cuidado para não machucar o intruso.

Vizinhança unida

Às vezes as guerras felinas ao redor da sua casa chegam a ponto de requerer a cooperação de um grupo de vizinhos. Teoricamente, todos os donos sabem da importância de fazer do lar um refúgio seguro e confortável, em que o animal seja bem tratado e alimentado, para sentir vontade de sempre retornar. Um plano inicial pode ser o vizinho manter o gato dele preso enquanto o seu sai e vice-versa. Tais gentilezas dão certo se os donos envolvidos tiverem a mesma boa vontade que gostariam que seus gatos demonstrassem com seus iguais.

rixas em família

Surtos de agressão doméstica

Gatos não saem buscando encrencas e geralmente preferem uma vida calma. Em uma casa com muitos gatos, porém, é comum haver rusgas entre eles e mesmo aqueles que convivem amigavelmente há muitos anos podem subitamente se desentender. A chegada de um gatinho na casa só aumenta as chances de confusão.

Pressões por espaço

É mais provável haver conflitos quando um número considerável de gatos vive em uma casa pequena, pois eles competem por refúgios, lugares de descanso e doses limitadas de ração e de atenção do dono. Um ou mais animais também podem não ter recebido o treinamento de socialização por parte da mãe ou da pessoa responsável durante as primeiras semanas de vida. O último fator é o mais comum.

As características da família felina da casa influem muito no grau de calma desfrutado no cotidiano. Fatores genéticos são importantes: alguns gatos toleram melhor viver em um território restrito, outros não. Pode haver mais harmonia em uma casa com muitos gatos se eles provêm da mesma ninhada.

Ausência e reintrodução

Problemas entre bichanos da casa também surgem se um deles se ausenta alguns dias para uma cirurgia, para se hospedar em um hotel para gatos ou apenas zanzando sem rumo. Ao voltar, ele pode ser recebido como um estranho.

Já foi abordada a introdução de animais novos em uma casa nas pp. 30-31, e você pode usar os métodos sugeridos para reintegrar um gato após uma ausência temporária. Alternar o uso de recipientes de ração, caminhas e brinquedos entre eles também ajuda no processo.

Verifique se há refúgios, lugares de descanso, mirantes e rotas de fuga suficientes para todos os animais. Providencie um recipiente de ração exclusivo para cada gato e não passe a impressão de ter um animal favorito. Dê atenção a todos de maneira imparcial.

Ação evasiva

Se surgir uma rixa, interfira de maneira cuidadosa. Tentar separar os rivais como numa luta de boxe pode ser contraprodutivo e aumentar o nível de tensão. A melhor estratégia é desviar a atenção deles com um petisco especial para gatos ou brinquedos. Nunca tente bater nos animais.

altercações entre gatos

Lista de ajuda

A chegada de um gatinho em uma casa que já tem um ou mais bichanos pode trazer problemas. Os antigos moradores ficam com ciúmes se você der demasiada atenção ao recém-chegado, e o aumento da disputa pelos espaços disponíveis no lar pode gerar uma tensão que acaba explodindo em brigas.

- As rixas são entre machos? Os gatos envolvidos foram castrados? Machos não castrados têm mais propensão a brigas. O ideal é que todos sejam castrados.
- O gato demonstra medo ou ansiedade? Você consegue identificar a causa e eliminar o problema?
- O gato tem refúgios suficientes, especialmente em lugares altos, e rotas de fuga sempre disponíveis quando quer evitar confrontos?
- O gato está envolvido em disputas territoriais fora de casa?
- Se sua casa tem muitos gatos, cada um tem algum espaço que possa chamar de seu?
- Você levou recentemente um gato adulto ou um gatinho bebê para casa (pp. 30-31)?

- Os vários gatos da casa têm de disputar comida ou sua atenção?
- Você demonstra afeto imparcialmente a todos eles?
- Nunca fique tempo demais afagando o gato em seu colo para não ser mordido (pp. 68-69).
- Se houver um gato idoso em uma casa cheia de animais, ele pode ter artrite, glândula tiroide superativa ou certos tumores que causam dor. Caso suspeite que essa é a causa do comportamento irritadico do animal, marque uma consulta no veterinário.

as responsabilidades

lista de compras

Equipando a casa para o gatinho

Você deseja que o gatinho sinta que chegou em um lugar confortável e seguro, mesmo que não haja luxo. Então, pense bem no que vai comprar para ele.

Caixa de transporte

O primeiro item da lista de compras é uma caixa de transporte para trazer o gatinho para casa. A caixa tradicional é feita de vime e tem uma porta de tela metálica presa por uma dobradiça lateral. O problema desse modelo é que o gato pode empurrar a porta e escapar. Além disso, a estrutura permite a entrada de correntes de ar e é difícil de limpar.

As caixas de transporte de vinil rígido, fibra de vidro ou polietileno são bem melhores, fáceis de limpar e à prova de fugas.

Para uma ida de emergência ao veterinário ou ao hotel de gatos, pode-se usar uma caixa de papelão descartável, improvisada.

Independentemente do tipo de caixa de transporte que você ache, o importante é ser grande o suficiente para o animal, bem ventilada e fácil de carregar, limpar e desinfetar após o uso. Se o percurso for curto, não é preciso colocar ração e água na caixa, apenas forre-a com jornal e um tecido velho por cima.

Liteira (caixa de areia)

A liteira é fundamental, mesmo no caso de o gatinho normalmente sair de casa para fazer as necessidades fisiológicas. Se algum dia ele se sentir meio indisposto ou estiver chovendo muito, ele pode não querer sair. É melhor ter várias liteiras em uma casa com vários gatos, se possível uma para cada um. Alguns bichanos não gostam de compartilhar suas instalações e nenhum tolera esperar muito tempo. Não esqueça de comprar uma pá especial para remover os excrementos diariamente.

Cama

Um item importante da mobília felina é a cama. Há uma ampla variedade de opções à venda, inclusive redes para pendurar. Escolha uma cama suficientemente grande para o gato se aninhar e providencie acessórios macios como um acolchoado ou, melhor ainda, um cobertorzinho de lã. Gatos de pelagem rala, como a raça rex, apreciam dormir sobre um forro de aquecimento elétrico, o qual é especialmente aconchegante para gatinhos bebês que se apartaram há pouco tempo do corpo quente da mãe.

Recipientes de ração

Para uso exclusivo do gatinho, tanto o de ração quanto o de água devem ser suficientemente pesados para não virar e fáceis de limpar. Em uma casa com vários gatos, cada um deve ter seus próprios potes (existem modelos duplos).

equipando o bichano

Itens essenciais para o cotidiano

Além de artigos básicos de mesa, cama e higiene, um dono amoroso providencia outros itens para o gatinho. Os pet shops e empresas on-line vendem uma enorme variedade de produtos tentadores e você pode acabar gastando além do que devia.

Portinhola basculante

Se você mora em casa e deseja que o gatinho brinque no jardim, a portinhola basculante instalada em uma porta ou parede é essencial para não ter que abrir a porta toda vez que o animal quiser sair e entrar.

A maioria das portinholas basculantes tem linguetas ajustáveis que permitem a passagem do gato em uma ou ambas as direções e algumas só podem ser abertas se o bichano tiver um pequeno dispositivo magnético na coleira. Esse sistema é ideal para impedir a entrada de gatos intrusos da vizinhança, especialmente machos não castrados.

Coleira

Reflita se é preciso comprar uma coleira para o gatinho, especialmente se ele tiver um microchip implantado (p. 185). Coleiras com placas exibindo o nome do animal ajudam os vizinhos que, em geral, não têm leitores de microchip a identificar seu gato.

Todas as coleiras devem ter um prolongamento elástico embutido para permitir que o gato escape se ficar preso em um galho de árvore. Caso pretenda treinar o gatinho para andar com uma guia, você também vai precisar de um arreio (pp. 104-105).

Arranhadores

Como prevenir é melhor que remediar, evite que sua mobília seja destruída pelo gatinho dando-lhe um arranhador, seja um varão revestido de carpete, uma almofada felpuda ou uma pirâmide de tecido grosso.

Diversão dentro de casa

Gatos que não saem de casa podem sentir tédio e tornar-se indolentes ou travessos. Um arranhador propicia um pouco de distração, mas melhor ainda é instalar uma ou mais estruturas de escalada ou circuitos de jogos especialmente projetados para gatos, à venda pela internet e em grandes pet shops.

Brinquedos são fundamentais e há uma ampla variedade. Outra fonte de diversão para o gato são itens simples que existem na casa, como caixas e sacolas de papelão, que podem render muitas aventuras, e a velha e boa bolinha de pingue-pongue.

Tome cuidado com objetos que tenham fios e cordões. O gatinho fica fascinado por eles, mas corre o risco de ficar emaranhado. Não deixe brinquedos comprometedores à solta quando ninguém estiver de olho no animal.

Acessórios de higiene

Compre alguns acessórios de higiene, incluindo um pente fino, três escovas – uma macia, outra de cerdas duras e uma acoplada a uma luva –, um pedaço de camurça, chumaços de algodão e tiras de pano macio. Peça para o veterinário mostrar como se usam os cortadores de garras, que você encontra em clínicas especializadas e pet shops.

sinal de problema

O bichano está doente?

É importante examinar seu bichano pelo menos uma vez por semana (pp. 56-57) a fim de detectar possíveis sinais que possam afetar os olhos, as orelhas, o focinho e a pele do animal. Porém, em se tratando de gatinhos bebês, é normal surgirem doenças quando menos se espera.

O que observar

Veja alguns indícios de que há algo errado com o gatinho:

- Desânimo generalizado e excesso de miados, o que pode indicar dor, embora em alguns casos o gato fique mais silencioso do que o normal.
- Tosse, arfadas, respiração difícil, chiados e espirros.
- Fome ou sede em excesso, perda de apetite, mau hálito, constipação e diarreia. Fazer as necessidades fisiológicas dentro de casa pode não ser uma travessura, e sim algum problema no intestino, rins ou bexiga.
- Mancar, andar de modo vacilante ou com a cabeça inclinada para um lado, fraqueza nas pernas ou tendência para se movimentar em círculos.
- Irritação cutânea, morder, lamber ou unhar demais certas áreas da pele.
- Aspecto anormal nos olhos, incluindo olhar enevoado ou com veios de sangue.

Caso constate quaisquer dos sinais acima, não perca tempo. Devido à pouca idade do animal, seu estado pode piorar rapidamente. Procure o veterinário o quanto antes.

RONROM DE DOR

Gatos ronronam quando estão felizes, mas também quando estão machucados ou amedrontados, a fim de aliviar o estresse. Acredita-se que ronronar também estimula os processos de cura.

Batimentos cardíacos

Os batimentos cardíacos do gato podem ser auscultados na virilha de uma das coxas. Coloque dois dedos na parte interna de uma das coxas. A pulsação deve ser forte e regular, variando de 110 a 140 batimentos por minuto.

doenças mais comuns

Lidando com um gato enfermo

Várias doenças e problemas surgem de repente. Conhecendo bem seu gato, você poderá discernir se ele está tendo apenas uma indisposição estomacal porque comeu demais ou algo mais grave. Caso tenha dúvida, procure o veterinário imediatamente.

Vômito

Se o gato estiver vomitando, tente descobrir se ele sofreu um acidente. Ele parece apático? Se meia hora após comer suas pupilas se dilatarem, o caso pode ser sério. Uma das doenças mais graves é a enterite infecciosa felina, ou panleucopenia felina. A vacina contra essa doença viral (p. 170) deve ser aplicada a partir dos 3 meses e repetida anualmente, sobretudo quando o gato fica suscetível ao contágio no convívio com outros animais.

Ele também pode vomitar por algumas causas sem gravidade, como comer em excesso, ingestão de penas de passarinhos, muita agitação, transtornos alimentares e, particularmente em gatos de pelo longo, bolas de pelo estomacais.

Diarreia

Se o gato tiver diarreia, expelir sangue, vomitar ou se estiver abatido, a situação pode ser grave, causada por enterite felina ou envenenamento. Causas menos graves são intolerância a leite (alguns gatos não digerem leite de vaca), vermes e infecções brandas.

Fome ou sede em excesso

Comer demais pode ser resultado de parasitas ou distúrbios glandulares ou pancreáticos. Consulte o veterinário se seu gatinho comer demais por mais de duas semanas. Se, ao mesmo tempo, ele também tiver sede em demasia, isso pode ser sinal de diabetes. Procure o veterinário sem demora.

Comumente associada a diabetes, a sede em excesso também pode ser um sintoma de doenças renais, hepáticas ou hormonais. Gatinhos bebês podem ter diabetes, mas a doença é mais frequente em gatos mais velhos ou obesos, e atualmente se observa um aumento no número de casos da doença.

Padrões respiratórios incomuns

Se seu gato tem menos de um ano, está respirando lentamente ou rapidamente, apresenta diarreia, vômitos ou pupilas dilatadas, talvez com supuração nos olhos e/ou no focinho, ou se a respiração é muito lenta e não acelera quando surge uma perturbação, pode ser grave. As causas possíveis incluem envenenamento, gripe felina e leucemia felina. As duas últimas doenças são virais e todos os gatinhos devem ser vacinados contra elas. Busque imediatamente a ajuda do veterinário.

outros problemas

Identificando doenças

A maioria dos gatos bem cuidados, bem alimentados e sem estresse raramente adoece, mas os exames regulares que você faz no bichano podem revelar a presença de outras enfermidades, além dos sintomas gerais descritos nas pp. 164-165.

Leucemia

A leucemia felina ataca o sistema imunológico do gatinho, tornando--o suscetível a outras doenças. Por volta dos oito meses, os gatinhos geralmente ficam resistentes a essa infecção, o que é um bom argumento para mantê-lo dentro de casa até atingir essa idade.

Peritonite infecciosa felina

Essa doença é particularmente grave e há maior risco de contraí-la em locais com muitos gatos, a exemplo de um hotel para felinos. Ao completar cerca de três anos, a maioria dos gatos fica naturalmente imune a ela.

Boca

Problemas bucais são comuns em gatos e você deve perceber logo os sinais ao examiná-lo. Normalmente, gatos não têm mau hálito, a menos que tenham acabado de comer peixe. Um odor desagradável, com frequência acompanhado de baba, invariavelmente indica infecção bucal, dentes cariados ou feridas na língua. Marque uma consulta no veterinário.

Olhos

A cegueira é muito rara em gatos, mas eles podem ter várias doenças nos olhos. Entre elas estão a protuberância ocular, cobertura parcial de ambos os olhos pela terceira pálpebra (a membrana branca oculta no canto do olho, entre o globo ocular e a pálpebra), dor e supuração. A presença de corpos estranhos, como fiapos de grama, pode deixar os olhos doloridos e lacrimejantes. Sejam quais forem os sintomas dos problemas oculares, leve o animal imediatamente ao veterinário.

Ouvidos

Verifique constantemente se os ouvidos do gatinho estão limpos. O gato tem balançado a cabeça? Um dos ouvidos está supurando uma substância viscosa? Ele coça muito? A inflamação nos ouvidos pode ser causada pela invasão de ácaros ou por alguma infecção, como bactérias ou fungos, e não é incomum os três ocorrerem simultaneamente. O veterinário recomendará o tratamento adequado.

Com frequência, o andar cambaleante, a tendência de pender a cabeça para um lado ou de andar em círculos indicam uma infecção no ouvido médio do gato, que fica junto ao tímpano. Isso requer tratamento imediato, principalmente com antibióticos.

cuidados com o bichano

Como tratar um gato doente

Se o gatinho adoecer, você terá de lidar com ele sem causar mais aflição ou dor e dar o medicamento indicado pelo veterinário.

Manejo de um gato doente

Para cuidar de um gato doente que precisa ser examinado ou medicado, é preciso manejá-lo. Há quatro maneiras adequadas para fazer isso:

- Se o animal não tiver dor, aninhe-o suavemente em seus braços e mantenha-o próximo do corpo.
- Segure-o pela nuca e coloque-o com firmeza sobre uma mesa ou outra superfície plana. Nessa posição fica mais difícil ele botar as garras para fora e arranhá-lo.
- Coloque o gato deitado de lado em uma superfície plana. Segure firmemente as duas pernas dianteiras em uma mão e as traseiras na outra.
- Envolva o gato em uma toalha grande ou em um cobertor e aninhe-o em seus braços. Por questão de segurança, uma de suas mãos deve segurar a nuca dele envolta no tecido.

MEDICAMENTO PALATÁVEL

Atualmente há muitos medicamentos palatáveis para gatos, os quais podem ser misturados na ração ou dados diretamente. O veterinário passará orientações sobre a melhor maneira de dar o medicamento prescrito ao animal.

Dando remédios

Na hora de dar medicamentos para o gatinho siga os passos a seguir:

1 Coloque o gato em uma superfície plana e segure a cabeça dele como se fosse uma bola.

2 Incline a cabeça dele delicadamente. A boca abrirá de modo automático e, com seu dedo indicador e o polegar, puxe os lábios dele para trás. Jogue o comprimido no sulco, na parte posterior da língua, e empurre-o rapidamente com o dedo indicador de sua mão livre ou com o cabo de uma colher de chá.

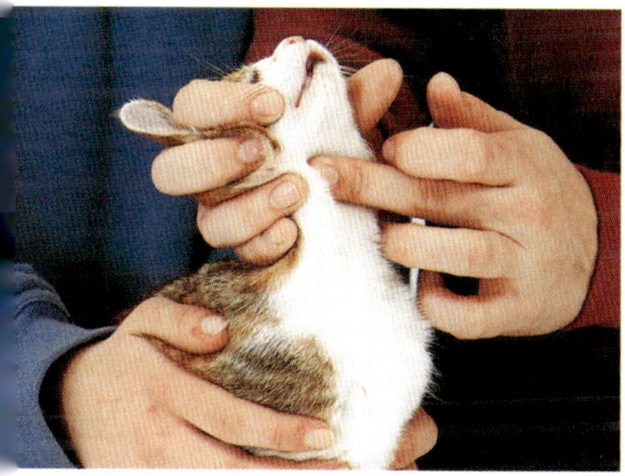

3 Se o medicamento for líquido, pingue-o gota a gota lentamente na boca aberta do gato para que ele possa engolir. Feche a boca dele imediatamente e deslize um dedo livre de sua mão goela abaixo, a fim de estimular os reflexos de deglutição do animal.

protegendo seu gatinho

Vacinas

É fundamental o gatinho ser vacinado o quanto antes contra algumas das doenças virais mais perigosas. Enquanto ele não for imunizado, fique atento para o animal não contrair um vírus dos gatos da vizinhança e mantenha-o longe de possíveis fontes de infecção. Após a primeira dose de vacina, é recomendável confiná-lo em casa por duas semanas.

Vírus

Os gatos são vacinados contra dois tipos de vírus responsáveis pela gripe felina, o vírus da panleucopenia felina, causador da enterite felina, e o vírus da leucemia felina. Há também a vacina contra o vírus da raiva. Alguns países já têm a vacina contra peritonite infecciosa felina, mas por ora inexiste proteção contra a anemia infecciosa felina não viral.

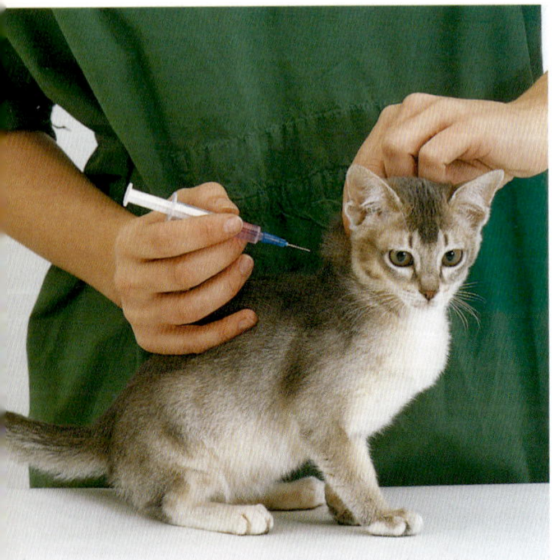

Apenas animais saudáveis podem tomar vacinas. Embora haja alguns relatos de reações desagradáveis no local da picada de vacinas contra leucemia felina, na maioria dos casos a imunização não traz problemas nem efeitos colaterais. É raro as vacinas causarem reações localizadas passageiras ou mais generalizadas, as quais são facilmente combatidas. Obviamente, a vacinação não protege um animal que já tenha a doença incubada nem funciona como tratamento. Mantenha seu gato dentro de casa até ele ser vacinado.

Época certa

Pergunte ao veterinário qual é a época certa para o gatinho ser vacinado. Na maioria dos casos, a sequência inicial de vacinação consiste em duas injeções, com intervalo de três a quatro semanas, e a terceira é dada quando o animal tem oito a nove semanas. Depois disso, o gato tomará só uma dose de vacina ao ano.

Os bichanos podem ser vacinados separadamente para cada uma das doenças acima mencionadas e, conforme o lugar, a vacina contra raiva pode ser dada à parte. Atualmente, as vacinas triplas são muito usadas, pois com uma única picada protegem os gatos contra gripe, enterite e leucemia.

Carteirinha

O veterinário lhe dará uma carteirinha de vacinação, que deve ser guardada em local seguro para você se lembrar da época certa de o gatinho tomar o reforço anual. Leve-a ao veterinário na próxima ocasião. Você também terá de apresentá-la em dia quando quiser hospedar o bichano em um hotel para gatos.

parasitas internos

Livrando o gatinho dos vermes

Dois tipos de parasitas costumam se alojar em gatos: os que vivem dentro do corpo do animal, como vários tipos de vermes, e os que vivem na parte externa.

Vermes

Os principais vermes parasitas se alojam no trato intestinal ou sob a forma de larvas, em outros órgãos. Entre eles estão os nematoides, as tênias, os tricuros, os oxiúros, os ancilóstomos e as fascíolas.

Alguns vermes adultos, como os ancilóstomos e os tricuros, sugam o sangue do animal. Embora não suguem o sangue, as tênias roubam parte da alimentação do gato. Larvas de nematoides podem infestar fetos felinos no útero e também estar presentes no leite da mãe. Dentro do feto, essas larvas migram através do fígado, do coração e dos pulmões, chegando ao intestino, o que causa lesões e desconforto ao animal que está para nascer. É por isso que os gatinhos ficam com a saúde mais debilitada do que os adultos e podem apresentar anemia e ventre inchado, além de ter diarreia ou constipação.

Normalmente, os sintomas de tênias se resumem a flatulência e a irritação anal quando segmentos do parasita passam pelo ânus do gato. Com frequência, dá para ver um ou dois desses segmentos, que parecem grãos de arroz cozidos, presos na pelagem do traseiro. Caso suspeite que o bichano tem vermes, leve-o imediatamente ao veterinário.

Protozoários

Outro tipo de parasita interno é um protozoário minúsculo que, como o parasita da malária em seres humanos, vive dentro dos glóbulos vermelhos do sangue. Sua presença em pequena quantidade é assintomática, mas quando está em grande número invade a corrente sanguínea, destruindo os glóbulos vermelhos e causando anemia infecciosa. No estágio inicial, essa doença pode ser tratada com êxito pelo veterinário, mas, quando ocorre em conjunto com a leucemia felina, o prognóstico é bem mais grave.

Medidas preventivas

Mantenha seu gatinho livre de parasitas tomando as seguintes medidas preventivas:

- Ministre vermífugos em intervalos regulares ao longo da vida do gato.
- Impeça o bichano de comer passarinhos, pois eles podem ter algum tipo de parasita.
- Cuide regularmente da higiene dele e use fórmulas antipulgas, pois esses insetos têm larvas de vermes.
- Troque e lave a cama do gato regularmente para eliminar possíveis vermes que se entocam na pele.
- Livre-se de maneira higiênica dos excrementos (enterrando, jogando na lata de lixo ou no vaso sanitário).

parasitas externos

Livrando o gatinho das pulgas

Além de parasitas internos, diversos parasitas vivem externamente, podendo causar problemas irritantes para os gatos.

Insetos malignos

O parasita cutâneo mais comum em gatos é a pulga que, dependendo do tipo, ataca felinos, cães ou pessoas. Essas minúsculas sanguessugas fazem o animal se arranhar, se contorcer e se lamber de irritação. Ao examinar a pelagem do bichano, é difícil enxergar esses insetos esquivos, mas seus excrementos, que parecem pó de carvão, são bem perceptíveis.

Dois tipos de piolho, sugadores e mordedores, também infestam a cabeça dos gatos e, eventualmente, outras partes do corpo.

Se você mora na área rural, o gato pode ser infestado por carrapatos sanguessugas. Quando ficam repletos de sangue do bichano, eles incham a ponto de parecer groselhas pretas.

Os micuins também podem desencadear surtos de dermatite irritante, ao passo que ácaros podem produzir caspa na pelagem. Várias espécies de ácaro se entocam na pele causando sarna, uma inflamação cutânea crônica que comumente afeta mais a cabeça e as orelhas.

Mantendo o controle

Ao fazer os exames semanais no gato (pp. 56-57), busque sinais de queda de pelos ou de inflamação na pelagem. Caso descubra algo errado, busque orientação profissional ou, se souber a causa, use algum medicamento, como talcos antiparasitas e gotas de ação sistêmica.

Os ovos depositados por pulgas não grudam nos pelos do gato como os piolhos, portanto é bem provável que esses ovos estejam incubando nos tapetes e móveis da casa e, especialmente, na cama do gato. Aplique aerossóis especiais nas áreas usadas pelo gato a fim de impedir que os ovos nasçam.

Não arranque os carrapatos do gato, pois o aparelho bucal deles fica agarrado à pele do animal e, se não for eliminado, pode formar feridas com pus.

Porrigem

Porrigem é um parasita fúngico que causa vários tipos de lesão cutânea, como a micose. Caso suspeite que seu gato tenha porrigem, leve-o ao veterinário e, em caso positivo, faça o tratamento apropriado, à base de medicamentos antifúngicos e loções para a pele.

férias? que férias?

A estada em um hotel para gatos

Caso tenha que deixar o bichano em um hotel para gatos durante suas férias, escolha um estabelecimento onde ele será bem cuidado e cercado de segurança, para não contrair doenças e sofrer acidentes.

Procurando um hotel confiável

Comece a busca pedindo informações a amigos que tenham gatos e a criadores. Clínicas veterinárias também podem hospedar ou recomendar um estabelecimento de confiança.

A seguir, vá conhecer o local e observe os seguintes pontos:

- Cada animal fica hospedado em acomodações exclusivas, sem contato direto com os outros?
- O local têm espaços internos confortáveis

e sem correntes de ar para os gatos dormirem, assim como uma área externa razoavelmente espaçosa, à prova de fuga e com equipamentos para os animais escalarem e brincarem?

- Se o local abriga fileiras de jaulas, todas devem estar devidamente protegidas contra fuga, teladas, arrumadas e aconchegantes. Também deve-se permitir a circulação de ar entre os gatos confinados. Ao respirar ar fresco, eles têm menos chance de propagar vírus.
- Como é a alimentação? Você pode levar a sua ração ou ela faz parte das opções disponíveis do local?
- O que eles fazem se um gato adoece? Quem é o veterinário responsável? Ele faz exames rotineiros e, em caso positivo, com que frequência? Se um gato adoecer, há um quarto para quarentena, caso seja necessário? Ao escolher um local para o gato ficar, deixe seus números de telefone e os do veterinário de sua confiança.
- O local só aceita gatos vacinados contra enterite e gripe felinas? Em caso negativo, desista do estabelecimento. Um local confiável exige que os donos mostrem de antemão as carteirinhas de vacinação, pois só garantias verbais não bastam.

FICANDO EM CASA

Muitos donos preferem deixar os gatos em casa e pedir a um amigo ou vizinho que vá regularmente colocar água e ração, lavar os recipientes e trocar a areia da caixinha. Caso você passe o dia todo fora trabalhando, seu bichano deve estar habituado a ficar sozinho e provavelmente se sentirá mais feliz em casa. Mas se você mora perto de uma rua movimentada ou não conta com alguém confiável, será preciso achar um hotel para gatos.

- Caso leve mais de um gato para se hospedar, eles poderão ficar juntos se já têm um bom convívio? Isso pode não ser essencial, mas é preferível.
- As instalações são limpas e bem equipadas? A equipe parece eficiente e carinhosa?

primeiros socorros

Acidentes acontecem

Os gatos parecem menos propensos a acidentes do que os cães, provavelmente porque têm o corpo mais leve e flexível e são mais ágeis para evitar encrencas. No entanto, se algum dia seu bichano estiver sem sorte, veja como você pode lidar com alguns acidentes felinos mais comuns antes de apelar para o veterinário.

Acidentes na rua

Deslize um lençol sob o corpo do gato no local do acidente. Leve-o para um lugar calmo e aquecido, deite-o de lado e cubra-o com um cobertor. Ponha uma garrafa de água quente (não fervendo) ao lado dele, limpe o sangue ou o vômito da boca do animal e puxe a língua para examiná-la. Se ele estiver de coleira, tire-a. Estanque qualquer sangramento persistente com pedaços de gaze ou chumaços de algodão. Chame o veterinário.

Afogamento

Segure bem as pernas traseiras do animal com uma mão e dê uma torcida nele. Embora pareça brutal, essa é a melhor maneira de fazer o gato expelir a água dos pulmões, por meio da força centrífuga. Chame o veterinário.

Queimaduras

Gatos normalmente se queimam com líquidos quentes. Aplique gelo ou água fria na área afetada o quanto antes e depois passe uma pomada oleosa como vaselina.

No verão, as orelhas de gatos brancos podem sofrer queimaduras de sol. Peça ao veterinário alguma loção anti-inflamatória apropriada. Para evitar que isso se repita, mantenha gatos albinos protegidos do sol ou passe um pouco de protetor solar nas orelhas do animal antes de ele ir para fora.

Envenenamento

Se o gato estiver letárgico, vomitando ou tendo convulsões, pode ser sinal de envenenamento. Chame o veterinário para diagnosticar e prescrever o tratamento. Enquanto ele não chega, lave o bichano se a substância tóxica estiver no pelo, pois ela é absorvida diretamente pela pele e há risco de o animal lambê-la. Use xampu de bebê, enxague e seque bem o gato. Se possível, leve o animal e uma amostra do veneno suspeito ao veterinário.

guia prático

providências antes da chegada do gatinho

Primeiros passos

Se você ainda não escolheu um gatinho, a primeira coisa é decidir que tipo de gato você quer. A seguir, descubra tudo o que é preciso para o novo bichano ter uma vida confortável.

Com ou sem pedigree?

A menos que você pretenda exibir o gato em exposições e vender os filhotes, os sem raça definida (SRD) são tão interessantes e divertidos quanto os de pedigree. Gatis e entidades de proteção aos animais têm dezenas de gatinhos à espera de adoção – certamente você vai se apaixonar por algum.

Ao visitar um local de adoção, você verá gatos mais velhos que precisam de um bom lar. Graças à vida dura que tiveram, esses animais podem ser turrões e ter uma adaptação mais lenta a um ambiente novo, mas provavelmente aceitarão bem os treinamentos e serão menos exigentes do que um gatinho bebê, que demanda mais repetições. Até gatos velhos e mal-humorados, que tiveram más experiências com pessoas, acabarão reagindo bem se você for paciente e carinhoso.

Macho ou fêmea?

Qualquer que seja o sexo, gatos são bons animais domésticos, mas, a menos que você pretenda revender os filhotes, é preciso esterilizá-los (pp. 80-81).

Um ou dois?

Se sua casa comporta toda a parafernália necessária e se toda a família fica ausente durante o dia, dois gatinhos se manteriam entretidos. Um bichano solitário pode ficar entediado e acabar apresentando problemas comportamentais (pp. 124-125).

Sua casa é adequada?

Será que é necessário fazer modificações na sua casa?

- O jardim é seguro contra fugas?
- O jardim tem piscina que precisará ficar coberta?

- Você precisará instalar uma portinhola basculante?
- Há crianças pequenas ou outros animais que possam reagir mal à chegada do animal (pp. 30-31)?

Equipamento necessário

Você tem toda a parafernália necessária para cuidar do gatinho, incluindo uma caixa de transporte, uma caixa de areia, uma cama, ração adequada e alguns brinquedos (pp. 160-161)?

Na hora de buscar o gato

Depois que a casa estiver devidamente preparada para a grande chegada, você pode buscar o animal (pp. 28-29). Mas, antes de trazê-lo, repasse os seguintes pontos:

- Ao pedir informações sobre o histórico de saúde e de vacinação do gatinho, você deve receber uma carteirinha de vacinação com as doses já aplicadas descritas.
- Você deve saber o que ele comia e levar um pouco para casa a fim de que ele se adapte aos poucos.
- Você pode levá-lo para um exame no veterinário antes de trazê-lo para casa.
- Um adulto ou jovem deve ir com você buscar o animal (p. 28).

providências após a chegada do gatinho

Não entre em pânico

O período de introdução do gatinho em casa pode ser estressante para todos os envolvidos. Há várias coisas que você pode fazer para tornar essa fase agradável para a família e o animal.

Lista de verificação

- Logo na chegada, deixe o animal em um único aposento da casa com água e ração (pp. 30-31 e 36-37).
- Mantenha-o assim ao menos por dois ou três dias (pp. 30-31).
- Tenha ração para gatos em casa, embora o ideal seja trazer um pouco daquilo que ele comia em seu lugar de origem depois de ser desmamado.
- Apresente o gatinho para as pessoas e os outros animais da família (pp. 30-33).
- Comece logo o treinamento de controle das necessidades fisiológicas (pp. 94-95).
- Quando ele estiver preparado, deixe-o ir ao jardim pela primeira vez (pp. 96-97).
- Comece imediatamente o treinamento de reconhecimento do nome (pp. 98-99).
- Providencie o implante de um microchip no gato (veja ao lado).

Microchip

É uma boa ideia o veterinário implantar um microchip no gato visando sua identificação, caso ele se perca ou o acompanhe em uma viagem internacional e tenha de passar pela aduana. Alguns países que emitem passaportes para animais de estimação que viajam ao exterior insistem no uso de microchips para identificação.

O microchip, um dispositivo eletrônico do tamanho de um grão de arroz, é implantado em caráter permanente sob a pele do animal. Ele contém um número de registro exclusivo do bichano, o qual pode ser lido por um aparelho leitor de chips colocado rente ao animal. Os funcionários da aduana em fronteiras têm esses leitores de chips. Você receberá um registro com o número, que deve ser guardado em local seguro e ficará cadastrado em organizações especializadas em rastrear animais de estimação perdidos. O veterinário pode orientá-lo sobre como entrar em contato com essas organizações.

futuras providências

Planos a longo prazo

À medida que o gatinho se habitua com a casa nova e começa a mostrar a personalidade, você pode começar a construir uma relação sólida com ele e a tomar providências para seu bem-estar a longo prazo. As primeiras semanas são as mais importantes.

Lista de verificação

- Entre oito e nove semanas de idade, o gatinho deve ser vacinado contra doenças virais importantes. A segunda dose geralmente é dada três a quatro semanas mais tarde e, daí em diante, ele tomará vacinas de reforço anuais.
- Esterilize o animal. A fêmea deve ter no mínimo três meses (pp. 80-81).
- Cuide regularmente da higiene do gato (pp. 46-47).
- Examine o animal uma vez por semana para detectar precocemente possíveis problemas de saúde (pp. 56-57).
- Faça o gato se acostumar a sair de carro (pp. 42-43).

Treinamento

Comece a fazer duas ou três sessões de treinamento diárias com o animal. Treine um comportamento de cada vez e só ensine outro quando ele tiver aprendido bem o anterior. Depois de treinado, suas habilidades devem ser mantidas por meio de sessões regulares de "desempenho".

- Pare (pp. 106-107)
- Sente-se (pp. 106-107)
- Venha (pp. 108-109)
- Peça (pp. 110-111)

Se o gato tiver a tendência desagradável de manter as garras à mostra quando estiver em seu colo, afofando-o, treine-o para ser mais gentil (pp. 68-69).

Gravidez

Se por acidente ou por desejar que sua gata cruzasse ela ficar grávida, os filhotes nascerão em média 65 dias após a concepção. Antes de 58 dias, os gatinhos geralmente nascem mortos ou muito fracos, ao passo que os que nascem depois de 71

dias são maiores do que o normal e, com frequência, também mortos. Caso suspeite que a gata está grávida, leve-a ao veterinário.

Constatada a gravidez, você precisa cuidar dos preparativos para o nascimento (em geral, muitos nascimentos) construindo uma "ala de maternidade" em uma caixa de madeira ou de papelão forrada com jornais. A caixa deve ficar em um lugar isolado da movimentação da casa e ser mostrada à gata bem antes do parto. Se ela resolver parir em outro lugar, leve a caixa até lá.

índice

agradecimentos

Agradeço a Trevor Davies, Kerenza Swift, Charles Hallam e ao restante da excelente equipe editorial da Hamlyn. E aos meus cinco gatos birman que, encarapitados no computador, na escrivaninha ao lado, na gaveta aberta da escrivaninha e em meu colo, me fizeram companhia enquanto eu escrevia.

créditos

Todas as fotos © Octopus Publishing Group/Keith Colin, exceto as seguintes:
Alamy 52; Christian Heinrich 69; Helene Rogers 33; Isobel Flynn 7, 122; Juniors Bildarchiv 17; Picture Partners 42; Ray Humphrey 129; tbkmedia.de 14, 133; Tetra Images 34, 163; **Animal Photography** Sally Anne Thompson 146; **Ardea** Jean Michel Labat 121; John Daniels 35, 71, 116; Rolf Kopfle 134; **Corbis** Pat Doyle 115; **DK Images** Jane Burton 143; **Fotolia** bpablo 98; diefotomacher 166; Eric Isselee 123; indeepdark 96; Julijah 137; maja 31; Maja 55; Oliynik Pavlo 152; shocky 149; Simone van den Berg 125; Skv7774 2; wojciechhajduk 58; **Getty Images** 156; Dorling Kindersley 94; GK Hart/Vikki Hart 185; Jane Burton 175; **iStockphoto.com** ImagesbyTrista 80; jorgeantonio 37; photoshopped 39; ajsn 50; Casarsa 28; EEI_Tony 36, 90, 150; Gaussian_Blur 74; ingret 38; jkitan 13; PerlAlexander 23; Photoshopped 26, 126; piemash 130; rafal rzdeb 145; spxChrome 92; suemack 176; SVM 135; **Masterfile** 136, 138, 173, 183; **Nature Picture Library** Aflo 144; Jane Burton 103; **Octopus Publishing Group Limited** 86, 87; Jane Burton 30, 40, 43, 56, 59, 66, 66, 95, 102, 105, 131, 151, 153, 158, 159, 160, 161, 169, 172, 184; **Petsafe** Staywell by petsafe 84; **RSPCA Photolibrary** 117; **Shutterstock** Antonio Jorge Nunes 141; david vadala 171; Efanov Aleksey Anatolievich 16; Eric Isselee 12, 148; graham s. klotz 77; Gregor Kervina 19; ingret 24; Lars Christensen 4, 88, 99; Lein de Leon Yong 120; Magdalena Bujak 68; Mario Savoia 147; Nikolay Titov 119; Pavel Sazonov 15, 73, 78; Ronen 21; Stephen Orsillo 85; Tatiana Lebedeva 81; Tony Campbell 6, 8, 18, 62, 63, 112, 124, 139, 142; Utekhina Anna 65, 75; **Warren Photographic** Jane Burton 1, 10, 51, 60, 64, 76, 82, 91, 127, 154, 165, 187; **Stock.XCHNG** Karolina Przybysz 140; Mikkel Toke Gronkjaer 97.

Editor-executivo: Trevor Davies

Editora: Kerenza Swift

Editora de arte: Penny Stock

Projeto gráfico: Janis Utton e Nicola Liddiard

Chefe de produção: David Hearn

Assistente de iconografia: Ciaran O'Reilly

Foto da capa: Getty Images/GK Hart/Vikki Hart; contracapa: Alamy/Tetra Images